Colección Internacional de Mediación y MASC

MISIÓN Y VISIÓN DE LA MEDIACION EN EL SIGLO XXI

Colección Internacional de Mediación y MASC

Colección Internacional de Mediación y MASC

MISIÓN Y VISIÓN DE LA MEDIACION EN EL SIGLO XXI

Enrique San Miguel Pérez

Josep Antoni Duran i Lleida

Gianfranco Arata Yunisic

Felipe Paredes San Román

Samuel Rodríguez González

Cristina del Prado Higuera

Editorial Dykinson

Este libro ha sido sometido a evaluación por parte de nuestro Consejo Editorial

Para mayor información, véase *www.dykinson.com/quienes_somos*

Este libro se ha realizado en el marco de la Cátedra Institucional de Arbitraje Universidad Rey Juan Carlos y la Corte Civil y Mercantil de Arbitraje (CIMA). Vicerrectorado de Transferencia y Estructuras Científico–Tecnológicas. Universidad Rey Juan Carlos.

©   Los autores
Madrid

Editorial DYKINSON, S.L.
Meléndez Valdés, 61 - 28015 Madrid
Teléfono (+34) 915442846 - (+34) 915442869
e-mail: info@dykinson.com
http://www.dykinson.es
http://www.dykinson.com

ISBN: 979-13-7006-976-6
Depósito Legal: M-2985-2026
DOI: https://doi.org/10.14679/4656

Preimpresión:
New Garamond Diseño y Maquetación, S.L.

ÍNDICE

CREADOR DE LIBERTAD. EL ESTADO DE DERECHO COMO MEDIADOR, O EL REGRESO DE ANTONIO MACHADO: HISTORIA, DERECHOS HUMANOS Y DECISIÓN DEMOCRÁTICA COMO ESCENARIOS DE UN IDEAL DE JUSTICIA

Enrique San Miguel Pérez

Universidad Rey Juan Carlos

1. Introducción: el Estado de Derecho como mediador, o una edificación histórica en "el reino de la ética"

"El hombre occidental de mediados del siglo XX es un ser inseguro, a la deriva, en tensión. Miramos el tiempo que nos ha tocado vivir como una época de problemas, de ansiedad. Los cimientos de nuestra civilización, de nuestra certidumbre, se resquebrajan bajo nuestros pies; las ideas y las instituciones que nos son más familiares parecen desvanecerse cuando las tocamos con la mano, como sombras a la luz incierta del crepúsculo. La mayor parte del mundo se ha reconciliado con esa media luz, con ese reino de la inseguridad..." [1].

A mediados del siglo XX, en enero de 1949, el joven pensador Arthur M. Schlesinger Jr., nacido en Columbus (Ohio) en 1917,

---

[1] Schlesinger, Arthur M. Jr.: *La política de la libertad. El centro vital.* Barcelona. 1972, p. 23: "Una nación que ha hecho del éxito una religión tiene que encontrar muy duro aclimatarse a estos tiempos, pues la frustración es, cada vez más, la marca de este siglo, la frustración de la ciencia triunfante y la rampante tecnología, la frustración de las esperanzas más generosas y los sueños más espléndidos".

afincado en Nueva York, instalado ya como una de las figuras más inspiradoras de la generación de historiadores demócratas del *New Deal*, la misma generación que habría de dar forma a la *New Frontier*, abordada la política, pero también la realidad de posguerra, considerando que se encontraba "en una época de ansiedad". El apenas treintañero escritor que habría de componer obras tan eminentes como *La era de Roosevelt, Los mil días de John Fitzgerald Kennedy* y *Los ciclos de la historia americana*, privilegiado historiador de la Administración Kennedy, y el último gran teórico del liberalismo clásico estadounidense, tan vinculado a un concepto muy querido por él, como el de persuasión, se enfrentaba a una realidad que sucedía a la alegría de las potencias democráticas occidentales tras la victoria sobre el nazi fascismo: la incertidumbre tras las ilusiones que habían animado a la civilización a lo largo de una contienda que había quebrado la centralidad de las creencias y convicciones más básicas, empezando por la vida y la dignidad humana.

Casi exactamente en las mismas fechas, y a muy pocas millas de distancia, el joven historiador estadounidense disfrutaba de una muy ilustre coincidencia en el diagnóstico por parte de una de las más grandes personalidades en la contemporánea historia española: Fernando de los Ríos Urruti, nacido en Ronda en los días finales de 1879, generacionalmente perteneciente a los hombres del 1914 español, militante socialista y democrático, catedrático de Derecho Político en la Universidad de Granada en el final de la Restauración, ministro de Instrucción Pública y Justicia y embajador en Washington de la República, quien habría de permanecer en los Estados Unidos tras la derrota del Estado de Derecho español en 1939. El constitucionalista andaluz, quien habría de fallecer el 31 de mayo de 1949, apenas semanas después de la conclusión de su trabajo por parte de Schlesinger, y también en Nueva York, en cuya Universidad de Columbia proseguía su brillante carrera académica, reflexionaba precisamente sobre el itinerario de futuro del Estado democrático. Y sostenía que la historia política es una obra que se edifica por acumulación. Y los entes que proceden a esa acumulación son las sucesivas generaciones que contribuyen a la construcción de un ideal de justicia y de verdad. Una idea que se convierte en voluntad. Voluntad nacida como producto de una visión ética, es decir, capaz de infundir en la ciudadanía la convicción de la responsabilidad de las consecuencias de los propios actos. Una voluntad que se materializa a través de la ley y la consiguiente actuación del Estado:

> "El principio que define al derecho, como cuantos nacen en el reino de la ética, hace referencia a una voluntad tratándose del orden jurídico, el sujeto titular de esta voluntad es el Estado, esto es, el sujeto corporativo *creado* (sic) por la comunidad. El problema de la continuidad en la política significa, pues, el problema de la continuidad en la voluntad del Estado. Formulado, en otros términos, significa la exigencia de que la ley que define la voluntad del Estado coincida plena y absolutamente con las acciones de esta voluntad en cada momento de la vida..." [2].

Más allá de la incertidumbre y de la voluntad existe una "vieja historia", igual que un "viejo Estado", que propenden hacia un orden político monocrático, es decir, que se vertebra en torno a relaciones de dominación y de subordinación al "centro". Uno de los grandes historiadores de las ideas españoles de la segunda mitad del siglo XX, Manuel García Pelayo, nacido en Corrales del Vino en 1909, y fallecido en 1991 en Caracas, morada de su exilio durante la dictadura, iba más allá. En la base de cualquier construcción estatal se encontraban las formas conflictuales y las tensiones inherentes a la propia concepción de la existencia del espacio público, pero también la necesidad de acuerdo como substrato impulsor de la consiguiente regulación de su funcionamiento como imprescindible marco para el despliegue de las relaciones sociales, las dedicaciones profesionales y las actividades productivas.

El Estado es, en definitiva, por naturaleza, en la historia, una herramienta mediadora. Cuando, como anunciaba Friedrich Schiller, y recuerda el pensador español nacido en las tierras de Zamora, las

---

[2]   De los Ríos, Fernando: ¿*Adónde va el Estado? Estudios filosófico-políticos.* Buenos Aires. 1951, p. 27.

ideas se convierten en fuerzas al enfrentarse con las fuerzas que se
les oponen, se configura también un sistema de principios y valores que se plasma en un ideal de justicia. Un ideal necesariamente
histórico, porque, como dice igualmente Manuel García Pelayo, "la
realidad política es histórica, y todo lo que es histórico está orientado por los valores" La angustia y la incertidumbre, incluso la frustración, son parte de esa realidad histórica. Una realidad de poder
que, en términos estructurales, es siempre la misma. Pero distinta
también, porque principios y valores se transforman [3]. En eso consiste la historia. Y, en la historia y ante la historia, la realidad vigente del Estado de Derecho como instrumento mediador.

"Centro", un concepto presente tanto en la reflexión de Schlesinger como en la de García Pelayo, equivale, en su expresión a veces
más visible, a burocracia. Y su problema reside en el poder que puede llegar a acumular, que según Alexis de Tocqueville podía llegar
a ser incluso mayor que el de los Césares. Porque, si los Césares reconocían la existencia de formas de limitación basadas en la historia, el derecho, la tradición, los dioses o el propio sentido de la con-
tención que se derivaba del ejercicio del cargo, y de su naturaleza
y origen en las instituciones republicanas, la burocracia no conoce,
por definición, y por su propia experiencia e itinerario, investido
de todos los poderes, ninguna realidad limitadora, a excepción del
propio Estado, en su contemporánea formulación como Estado de
Derecho, es decir, como expresión articulada de un hecho histórico, como es la implantación de la ética contemporánea, humanista
y democrática. La tarea de la Historia del Derecho, por cierto, cabe
recordar aquí, de nuevo, la posición de un pensador no sólo universitaria, sino vitalmente tan sumamente autorizado como Fernando
de los Ríos, y por tanto conceptos, tanto académicos como cívicos,

---

[3]   García Pelayo, Manuel: *Idea de la política y otros escritos*. Madrid. 1983, pp. 20-21:
"...de modo que un cambio o una destrucción de los valores significa un cambio o una
destrucción del sujeto histórico, sin necesidad de que ese cambio o destrucción se deba
a la violencia. Es decir, la esencia del poder es siempre idéntica, la estructura del poder
puede ser más o menos la misma, pero la estructura política formada en torno a ese poder es distinta si son distintos los valores a que sirve".

se fundamenta sobre un substrato ético, entendiendo por ético lo político, es decir, lo estatal:

> "Es en la Historia del Derecho donde puede conocer la Ética su perennidad; de aquí que la Ética sea la doctrina de los principios de la Filosofía del Derecho y de la Política. Subrayamos la coincidencia con Hegel: lo ético es lo político, lo estatal..." [4].

De esta forma, la vieja globalización, como cultura de las grandes organizaciones administrativas por autoridades distantes e impersonales, y con tareas despersonalizada, viene a entrar en concurso con una vieja función del Estado, ahora más nueva en tanto más desarrollada que nunca en nuestra contemporaneidad: la constatación de la naturaleza incierta y, por lo tanto, inestable de la existencia humana, y el consiguiente deber de proceder al cumplimiento de una misión de los poderes estatales que, en palabras de Manuel García Pelayo, se corresponde con "la responsabilidad de la procura existencial de sus ciudadanos", coadyuvando a la realización de las tareas que un ser humano no puede acometer por sí misma, con sus propias energías y posibilidades, e integrando así, dentro de sus obligaciones de servicio público, la acción social en su acepción más nítida [5].

2. Los órdenes clásicos del Estado de Derecho contemporáneo y el surgimiento del orden mediador como expresión del ideal histórico del "Estado moderno" de Otto Hintze

El problema del funcionamiento de los poderes del Estado es que puedan llegar a modelar su propia lógica y, por consiguiente, lleguen a escapar a cualquier forma de control. Desde el ámbito disciplinar de la Historia del Derecho, y en un artículo publicado en 1927 bajo *La crisis actual del españolismo* como denominación, Rafael Altamira procedía ya a desglosar algunos renglones básicos para la

---

[4]   De los Ríos, Fernando: *¿Adónde va el Estado?...*, p. 235.
[5]   García Pelayo, Manuel: *Las transformaciones del Estado contemporáneo*. Madrid. 1977, p. 28.

actualización de las formas y de los conceptos estatales, partiendo de una convicción tan democrática como su análisis histórico [6]. Y, partiendo del razonamiento histórico, Manuel García Pelayo venía a realizar una síntesis de las cuatro grandes vertientes (en su terminología, de los cuatro grandes "órdenes") que despliegan las funciones de la acción estatal en la historia: el orden de participación, consecuencia de la integración del conjunto de la ciudadanía dentro de la comunidad nacional, como parte de una "unidad histórico-política sustancial"; el orden de dominación, que se plasma tanto en el ámbito orgánico como en el normativo, de acuerdo con la propia lógica jerárquica del sistema constitucional; el orden de cooperación, que coordina la actuación de varios órganos para la satisfacción de un mismo cometido, por ejemplo, jefatura del Estado, Cortes y poder ejecutivo en la formación de las leyes; y el orden competitivo, finalmente, que incide en el proceso de configuración de la voluntad popular y la formación de mayorías de gobierno y minorías de oposición, asegurando la legitimidad popular del acceso a las responsabilidades de gobierno [7].

Partiendo de estos cuatro presupuestos, cabría también detectar la existencia de un quinto orden, fáctico, pero también reglado, y tanto en términos políticos e institucionales como territoriales, especialmente visible en Estados cuya definición y comportamiento ordinario obedece a una concepción profundamente descentralizada, cual es el orden de mediación, u orden mediador, que vendría a recoger la capacidad del Estado para empastar, vincular, conciliar, concertar, aproximar y conjugar esfuerzos y energías de instituciones y agentes sociales de naturaleza diversa para la consecución de un fin común. El Estado, de acuerdo con su propia razón de ser, una razón de

---

[6]   Altamira, Rafael: *Escritos patrióticos*. Madrid. 1929, p. 138: "Si la crítica histórica ha de servir para algo socialmente provechoso, sea para convencer a todos los pueblos que todos tienen cosas que corregir y mejorar, así como todos, cada uno a su manera, según su idiosincrasia y conforme a la concepción de cada época, han contribuido y contribuyen a la obra común de hacer cada día la vida humana un poco más fácil y más justa, más noble y más 'espiritual' ".

[7]   García Pelayo, Manuel: *Idea de la política y otros escritos...*, pp. 98-99.

ser cierta, eminentemente concreta y fáctica, media. Nunca en modo equidistante, o ajeno a las fuerzas e ideas en concurso, sino a favor de la consecución de los objetivos establecidos en el sistema constitucional, y que se corresponden con la preservación de un orden basado en el itinerario histórico del proceso de civilización, comprometido con la plenitud, protección y tutela efectiva de la existencia humana. Para todo el ser humano y para todos los seres humanos.

Otto Hintze, nacido en la actual Pyrzyce en 1861, el más grande entre los historiadores de las ideas y de las formas políticas, jurídicas e institucionales durante el Segundo Imperio alemán y la República de Weimar, antes de abandonar su cátedra en Berlín para no prestar acatamiento al nazismo en 1933, habría de incidir en la naturaleza radicalmente histórica del proceso. El último de sus grandes ensayos, publicado en 1931, en plenas postrimerías del orden constitucional de 1919, lleva precisamente por título *Esencia y transformación del Estado moderno*. Y las tesis del pensador prusiano se identifican con una concepción esencial: cuando nos referimos al Estado, nuestro análisis no obedece, en el fondo, a un concepto lógico, sino a una noción plástica que se corresponde con un tipo ideal:

> "...Hasta ahora no se ha logrado definir el Estado de una manera satisfactoria, incluso la cuestión de si esta expresión responde a algo real o solamente a algo pensado no es contestada unánimemente. Yo soy de la opinión que tras la expresión 'Estado' se esconde algo real y entiendo por él -de acuerdo con la significación etimológica de la palabra- el *status reipublicae*; aquella situación y condición de una comunidad en la que esta se encuentra capacitada para producir una voluntad común y un obrar común y, por tanto, también un esfuerzo común. 'Situación' y 'condición' no hay que entenderlas aquí de una manera puramente estática, sino también de una manera dinámica, en el sentido de 'actualización': ambas tienen su realidad únicamente en la repetición constante de actos espirituales que realizan la unificación de la voluntad [8].

---

[8]   Hintze, Otto: *Historia de las formas políticas*. Madrid. 1968, pp. 294-295: "... también puede designarse con la palabra Estado la comunidad misma en esta misma

Y, por eso, no tendría espacio intelectual, pero tampoco histórico, la fabricación de un Estado "popular" presuntamente creado para superar al Estado burocrático. La elección de los servidores públicos por parte del pueblo, ni reafirma la potencia y la primacía de la vida privada de la ciudadanía, ni garantiza la superación de unas formas burocráticas plenamente consolidadas. De hecho, Henry Kissinger, por nacimiento en Fürth en Baviera en 1923 compatriota y coetáneo de Otto Hintze, y se diría que muy influido por él, víctima del nazismo igualmente, en su caso obligado al exilio en los Estados Unidos, relataba su experiencia en el centro de poder por excelencia del mundo contemporáneo, en el Washington de las Administraciones Nixon y Ford como consejero de Seguridad Nacional y después como secretario de Estado, entre 1969 y 1977, como casi una epopeya motivada por su inquietud por el después porfiado combate contra una burocracia que se había constituido en un auténtico lastre para la acción del Estado y la consiguiente aplicación de sus prioridades, una tarea que se convertía en una actividad extenuante:

> "Mi mayor preocupación era que una gran burocracia, por más organizada que esté, tiende a frenar la creatividad. Confunde política sabia con administración fluida. En el estado moderno, las burocracias se vuelven tan grandes que demasiado a menudo se gasta más tiempo en dirigirlas que en definir sus propósitos. Una burocracia compleja tiene un incentivo para exagerar la complejidad técnica y minimizar el alcance e importancia del discernimiento político, favorece el statu quo porque, a menos que se produzca una catástrofe no ambigua, el statu quo tiene la ventaja de la familiaridad y nunca es posible demostrar que otro curso de acción habría deparado resultados superiores. Me parecía que había sido por accidente que la mayoría de los grandes estadistas habían estado trabados en permanente lucha con los expertos de sus departamentos del

---

situación o condición. Entonces la condición se hace más concreta y se acerca más al lenguaje usual. Pero como 'comunidad' hay que considerar aquí a toda mancomunidad humana de una naturaleza relativamente duradera y que exceda el ámbito de la familia...".

exterior, porque el alcance de la concepción de un estadista se opone a la inclinación del experto hacia el mínimo riesgo" [9]:

Al mismo tiempo que Henry Kissinger intentaba aplicar las directrices de gobierno de la Administración estadounidense, Manuel García Pelayo publicaba, ya en 1974, sus trabajos sobre burocracia y tecnocracia, cuya expansión consideraba imparable, e imparable en términos de oscurecimiento de las tareas propias de los poderes públicos a favor de un substrato racional menos que supuesto, y una mucho más patente ausencia de eficacia y funcionalidad [10]. Y eficacia y funcionalidad más allá del formalismo jurídico, político e institucionalmente. En este sentido, el historiador castellano-leonés habría de recordar igualmente que la concepción política del Estado de Derecho como "Estado material de Derecho" obedece a criterios no meramente formales, sino sustantivos, en la caracterización de la relación de los poderes públicos con la ciudadanía. Criterios basados en el contenido de esa relación, que acuden a "criterios materiales de justicia" [11].

Eso significa que no basta con la legalidad, sino que debe acudirse a la legitimidad. Y, en el pensamiento de quien habría de ser el primer presidente del Tribunal Constitucional, legitimidad equivale a una concepción del Derecho y del ordenamiento jurídico basada en principios políticos y jurídicos que representan el substrato sobre el que se edifica el modelo de civilización de una época. Al menos desde la formulación teórica de una concepción tan poderosa como "El Mito de Roma" [12], cuyo impacto en las relaciones internaciona-

---

[9]   Kissinger, Henry: *Mis memorias*. Madrid. 1979, p. 40.

[10]   García Pelayo, Manuel: *Burocracia y tecnocracia y otros escritos*. Madrid. 1974, p. 17: "...como un sistema de racionalidad y funcionalidad aparentes y de arbitrariedad y disfuncionalidad reales, cuyo resultado es la ineficacia y caracterizado por actuar con un formalismo ignorante de la realidad, por la sumisión de lo concreto vital a abstracciones desvitalizadas, por la pedantería (es decir, por el detallismo), por la rutina administrativa (ritualismo), por la dilación en las resoluciones, por la evasión de la responsabilidad...".

[11]   García Pelayo, Manuel: *Las transformaciones del Estado contemporáneo...*, p. 54.

[12]   García Pelayo, Manuel: *Los mitos políticos*. Madrid. 1981, pp. 112 y ss.

les resulta todavía mucho más que dramáticamente visible, dando continuidad al sentido jurídico e institucional de los mitos políticos, y a su presencia en la propia construcción del sistema estatal contemporáneo sobre bases de naturaleza ética.

Para Manuel García Pelayo, el modelo tecnocrático puro es sumamente decisionista en lo que respecta a su entendimiento del pragmatismo. Un hecho que viene a comportar la necesidad de que los servidores públicos, y muy especialmente los representantes políticos, superen la concepción meramente técnica, es decir, meramente instrumental, de una Administración que, en su itinerario histórico, responde a una lógica jurídica y ética, o al menos intencionalmente ética, es decir, política, en donde la racionalidad prevalece sobre el mito como sistema de pensamiento y de construcción jurídica e institucional [13]. Su más que riguroso contemporáneo Carl Schmitt, cuya larga existencia entre 1888 y 1985 habría de nacer y finalizar en Plettenberg, en las estribaciones más orientales de Renania, desarrollaría una óptica anti liberal y anti universal, atrayendo así la atención de las más diversas acepciones del extremismo contrario al Estado de Derecho, y no digamos al Estado social y democrático de Derecho, que habría de negar la virtualidad de todos los principios fundamentales del sistema constitucional, con especial vehemencia, por cierto, cuando se acudía al principio de igualdad [14].

Para Fernando de los Ríos, la singularidad de la apuesta estatal es más técnica que emocional. Con su acostumbrada racionalidad, el intelectual, político y diplomático nacido en Ronda afirma, en modo nítido, que la "sustancia del Estado" responde a "la idea de justicia". Es verdad que, como decía Hegel, el Derecho se caracteriza, entre otros rasgos, ante la historia, como una realidad contingente y finita. Pero eso no equivale, como aclara el catedrático andaluz, a un posible silencio ante situaciones de necesidad. El Estado de Derecho se expresa a través de su ordenamiento jurídico y de sus institucio-

---

[13]   *Ibidem*, pp. 13 y ss.
[14]   Schmitt, Carl: *Teoría de la Constitución*. Madrid. 2011, p. 296.

nes. Pero como realidad histórica, proyecto nacional, democrático y parlamentario, y sistema de principios y valores, trasciende más allá de la contingencia de sus eventuales organismos [15]. Tecnocracia y tecnología son meras disponibilidades del poder. Lo que constituye al Estado, sin excepción, al contemporáneo Estado de Derecho, y al conjunto de sus facultades y competencias, comenzando por la función mediadora, es su capacidad para implantar y tutelar las bases de un proyecto de civilización.

3. La morfología del Estado, la vida de la historia, la herramienta del poder

El Estado es una consecuencia de la historia y, muy concretamente, del sistema de ideas que hacen posible su intelección, siempre partiendo de la distinción que con enorme sutileza planteaba Manuel García Pelayo acerca de la diferencia entre las ideas y las teorías políticas, y con ellas de su análisis histórico. A este respecto, Otto Hintze procedió a una clasificación de las formas de Estado que disfruta de enorme vigencia incluso habiendo transcurrido casi un siglo desde su plasmación en el ensayo *Esencia y transformación del Estado moderno,* publicado en 1931, en las postrimerías del sistema constitucional de 1919 y de la propia carrera académica de un profesor que ni aceptó el nazismo ni le prestó juramento a su líder, debiendo abandonar la Universidad y pasando a un exilio interior en dónde habría de fallecer en soledad en 1940, tras la huida al exilio de su esposa Hedwig, de origen judío, quien moriría también poco después, en 1942, en Utrecht.

Otto Hintze sostiene que a lo largo de la historia moderna y contemporánea se dan cuatro figuraciones estatales: el Estado de poder soberano, el Estado comercial, el Estado liberal de derecho y constitucional, "orientado hacia la libertad personal del individuo", y el Estado nacional, que comprende todas las formas enumeradas,

---

[15]   De los Ríos, Fernando: *¿Adónde va el Estado?...,* p. 129.

y "con orientación hacia la democracia". Pero, además, el escritor procedente de Pomerania hace notar un hecho muy presente en los procesos históricos, y especialmente en los de naturaleza histórico-jurídica e histórico-institucional: los fenómenos se encadenan de tal forma que una época tardía en algunas de estas cuatro figuraciones se solapa con la época temprana de la siguiente [16]. La arquitectura estatal no es automática ni lineal. Como la propia historia. Pero sí que puede detectarse una nota constante y común a lo largo del también histórico proceso de edificación del propio Estado de Derecho contemporáneo; una nota sucesiva, y al mismo tiempo concurrente, en todas estas soluciones: responden al principio y la necesidad de la autodefensa, y en su más amplia acepción.

Un Estado cuida, defiende e intenta hacer prevalecer sus intereses. Esa permanente tensión defensiva es, también, una de las claves históricas del sistema de equilibrio entre Estados, singularmente entre los que emergen, además, como potencias en el seno del marco internacional de relaciones. La propensión a la hegemonía distintiva de la Antigüedad desemboca, desde la Modernidad, en formas de poder en permanente equilibrio, que relega a la guerra, antes esencial a la propia formación del Estado, al estatuto de última razón. Al menos, se diría, hasta los últimos años y más recientes acontecimientos en Europa y su espacio histórico de influencia, todavía vertebrado, en sentido amplio, por el Mediterráneo. En este punto, la función mediadora del Estado puede explicarse a partir de un clásico trabajo de Otto Hintze, publicado en 1902, sobre *La configuración de los Estados y el desarrollo constitucional. Estudio histórico-político*. Las tesis del gran científico prusiano, como siempre, obedecen a un planteamiento nítido: la unidad del Estado no es un mero ejercicio de afirmación de autoridad, al menos, en vigor desde el absolutismo. Existe, en la etapa contemporánea, un fenómeno de "interiorización" por parte de la ciudadanía. El Estado procede a la actuación en el plano externo, pero esa actuación "se la apropia internamente la población". Y eso

---

[16]   Hintze, Otto: *Historia de las formas políticas...*, pp. 299 y ss.

significa que se dan las bases para el surgimiento, y al mismo tiempo, de la conciencia nacional y la conciencia estatal, es decir, la conformación del Estado otorga a la nación las condiciones para el desarrollo de su conciencia y entidad de acuerdo con una construcción que Hintze, siguiendo a Georg Jellinek, el gran jurista sajón, denomina "el pueblo en su cualidad subjetiva" [17].

El Estado, así pues, se convierte en una instancia mediadora entre la existencia de contingentes poblacionales diversos por su origen, instalación e identidad, y su expresión política y cívica unitaria, como cuerpo soberano, no fragmentado en estamentos o, en la visión constitucional, territorios regidos por formas políticas e institucionales a lo sumo dotadas de vocación representativa, pero nunca soberanos. Se trata de un proceso que reviste una dimensión histórica de enorme impacto. Una constitución verdaderamente representativa no es posible sin la función mediadora, vertebradora y aglutinadora del Estado como ente racional. Y no es suficiente acudir al surgimiento de una nueva entidad social, como es la burguesía, para explicar la génesis de la solución constitucional de base nacional. De hecho, esa burguesía, en ocasiones incluso pujante, había convivido con las soluciones propias del Antiguo Régimen, cuando no había comenzado a integrase en sus propios medios dirigentes en algunas de las Monarquías continentales, como las hispánicas, la austriaca o la francesa. Y, al mismo, y, por el contrario, la revolución parlamentaria inglesa de 1640 no había sido obra de la burguesía urbana, sino de los linajes locales del campo inglés, y especialmente de los más vinculados con posiciones religiosas confesionalmente puritanas.

La conclusión de Otto Hintze, hace más de un siglo, y casi un tercio de siglo antes de convertirse en una víctima de la persecución totalitaria, sólo puede ser una: el momento que concierne a la historia de las formas políticas, jurídicas e institucionales es el momento del Estado de Derecho y la conciencia cívica como pilares de la consolidación del sistema democrático, más allá de cualquier estadio en el

---

[17]   *Ibidem,* pp. 30-32.

proceso de desarrollo económico o social. Es más: de acuerdo con la perspectiva de Hintze, el desarrollo socioeconómico no es la causa, sino la consecuencia de la política estatal. El Estado es un actor mediador, pero también impulsor de los grandes procesos de transformación histórica, y muy especialmente de los económicos y sociales. A lo sumo, causas y consecuencias pueden llegar a percibirse como casi coincidentes en el tiempo. El antiguo estudiante universitario en una ciudad libre y hanseática dotada de tanta personalidad y singularidad como Greifswald, la ciudad de Caspar David Friedrich, le concede máximo protagonismo a la edificación del aparato estatal en el despliegue de los grandes procesos de transformación económica, al menos, desde el mercantilismo, y acudiendo a razonamientos sumamente sólidos en su consideración histórica objetiva, que invariablemente desembocan en el protagonismo del Estado [18].

Cuestión distinta es el predominio de las formas constitucionales representativas, difícilmente adjetivables como democráticas, hasta el desarrollo del derecho de sufragio y la posibilidad consiguiente de la aplicación de una regla de las mayorías digna de esta denominación. El Estado crea y da forma a una entidad que Otto Hintze denomina "cuerpo nacional", por supuesto después sometida a trasformaciones de naturaleza social, por no decir en primer término vitales, como consecuencia del incremento de la propia esperanza de vida, en el siglo XX inseparable de la expansión del Estado como herramienta para la efectiva tutela judicial de los derechos y libertades fundamentales.

Las derivas imperialistas del Estado, derivas después autoritarias y totalitarias desde el último final del siglo XIX, y en gran parte del mundo durante el siglo XX, no obedecen a circunstancias históricas

---

[18]   *Ibidem*, p. 32: "…Ha superado a las organizaciones locales; ha fundado un mercado libre que abarca el territorio del Estado, cerrado frente al extranjero, y en la vida económica ha establecido una división del trabajo que ya no es local sino nacional, estatal. Es sabido de qué manera tan extraordinaria se ha fomentado con ello la industria. El desarrollo de la burguesía sería difícilmente imaginable sin esta época de política económica estatal…".

novedosas, sino a muy particulares lecturas del Estado como fabricante, cuando no inventor, de historia, identidad y memoria [19], para posteriormente aspirar a suceder a la religión constantiniana por las sucesivas religiones políticas de la contemporaneidad, comenzando por un nacionalismo que, en el siglo XIX, es en su origen esencialmente de Estado también. Y, siempre, como reitera el pensador nacido en 1861 en el territorio de la antigua Pomerania desecada por hugonotes franceses hoy integrada en Polonia, entendiendo al Estado y a su influencia como principios reguladores de naturaleza general, sin duda influido y mediatizado por otros principios, eso sí particulares, o cuyo espectro de influencia es mucho más específico.

En términos iushistóricos, igualmente, debe matizarse el recurso a la evolución histórica de la concepción de la "representación". No se trata de un principio político de naturaleza universal que afecta al conjunto de una comunidad soberana y a su funcionamiento. No es el "pueblo" o la "nación" quienes disponen de esa entidad y esa capacidad general con anterioridad a las figuras nacionales contemporáneas y, por lo tanto, constitucionales, democráticas y parlamentarias. La representación debe entenderse como un mandato concreto, un cometido específico. La dimensión histórica y jurídica de esa función, y en un contexto como el del Antiguo Régimen, no es en absoluto desdeñable. Pero la representación del pueblo debe siempre provenir de su soberanía en ejercicio. Y no hay soberanía nacional fuera del marco histórico del Estado de Derecho [20].

Por otro lado, el Estado es la herramienta de un proyecto político de naturaleza general, es decir, de naturaleza pública, asumido o, de acuerdo con un término ya utilizado, "interiorizado" por la conciencia cívica de un pueblo. No sirve a agentes de carácter restringido y, por lo tanto, a intereses particulares, porque entonces no existiría la nación, pero tampoco el Estado. La regla, además, ha

---

[19] Osterhammel, Jürgen: *La transformación del mundo. Una historia global del siglo XIX*. Barcelona. 2019, pp. 29 y ss.

[20] San Miguel Pérez, Enrique: *España ha estado en su sitio. Estado de Derecho y nación como plenitud de acción democrática (1907-1936)* Madrid. 2024, pp. 12 y ss.

venido reproduciéndose de manera invariable desde la Segunda
Guerra Púnica, en donde la República de Roma prevaleció sobre la
de Cartago, precisamente, porque era un Estado, capaz de concebir,
definir y aplicar una voluntad y un obrar comunes, más allá de los
intereses particulares que animaban a los sufetes de la ciudad-Esta-
do norteafricana, ampliamente desbordados por un proceso histórico definido, precisamente, por la aparición del Estado como sujeto y
protagonista central.

Proyecto de naturaleza general, en 2025, quiere decir proyecto
diverso y plural. Y el pluralismo de las organizaciones es la expresión y garantía de su esencial interdependencia. Ninguna impone
su criterio. Pero, al mismo tiempo, todas trabajan para impedir que
se lesionen sus intereses. Probablemente, siempre legítimos. Pero,
con certeza, siempre intereses. El entendimiento del Estado y de su
funcionamiento puede mover al despliegue de dos formas de servicio público y de acción política: la cerrada y la abierta. La cerrada
puede llegar a permitir ganar elecciones. Pero nunca ganar el futuro. No son dos cuerpos al modo de la teología política medieval, y
especialmente por su interpretación por la Inglaterra isabelina o el
Siglo de Oro español, cuando el lenguaje filosófico y teológico co-
menzó a impactar sobre el político y jurídico, valiéndose de la extraordinaria plasticidad de la propia concepción estatal [21].

Además, el Estado evoluciona en el último siglo hacia una
nueva concepción no inspirada en un nacionalismo agresivo que
transforma a los pueblos en rivales y enemigos en el plano militar, territorial, económico y estratégico, sino basada en el afán de
colaboración, de cooperación, de alianza y, finalmente, de integración en el marco de nuevas comunidades de Derecho que se
levantan sobre nuevos objetivos, nuevas identidades y expectativas políticas y sociales. Hace casi tres cuartos de siglo el canciller
alemán Konrad Adenauer fue sumamente terminante a la hora de

---

[21]   Kantorowicz, Ernst H.: *Los dos cuerpos del rey. Un estudio de teología política medieval.* Madrid. 1985, p. 471.

delimitar el nuevo espacio de mediación que, en términos políticos, jurídicos y territoriales, es decir, históricos, se abrió a la nueva responsabilidad del Estado al afirmar que "la era de los Estados nacionales ha llegado a su fin" [22].

Raymond Aron habría de definir en términos inequívocos esta nueva y contemporánea era del Estado cuando, en una de sus últimas obras, no fundamentaba la crítica a las formas estatales previas en principios éticos, sino históricos. El problema es que esa crítica no pertenecía únicamente a la solución democrática de raigambre liberal, sino también a las soluciones no democráticas [23]. Probablemente porque la concepción en esencia práctica del Estado de Derecho arrastraba también el moralismo de sus precursores. En *La muerte de Danton*, de Georg Büchner, cuando Danton le pregunta a Robespierre si acaso es "un policía del cielo", Camille Desmoulins, el líder que arengó a los parisinos el 14 de julio de 1789, amigo de Georges Danton, tiene una concepción del Estado que responde al mismo sentido de la realidad que compartía el abogado y extraordinario orador procedente de Champaña:

---

[22]   Adenauer, Konrad: *Un mundo indivisible. Con libertad y justicia para todos.* Buenos Aires. 1956, pp. 41-42: "...Cada uno debe sentir que ha ocurrido un cambio, que ha concluido una etapa, y que está alboreando una edad nueva en la cual los hombres mirarán más allá de los límites de su propio país, y trabajarán en fraternal colaboración con los otros países, en pro de los verdaderos fines de la humanidad. Quienquiera deje de comprender esto, está irremediablemente perdido -...- Y cuando esta Europa -cuando esta nueva Europa- esté construida, volverán a tener campo de acción para una vida de trabajo y de paz.

Nosotros, los europeos, tenemos que romper con la costumbre de pensar en términos de estados nacionales...

Yo creo que la deformación del concepto de estado nacional y el incremento de los dogmas nacionalistas, han constituido el principal obstáculo hasta ahora. El nacionalismo ciega a las naciones, impidiéndoles ver que todos los pueblos tienen derecho a la vida, y que la buena voluntad sirve mejor que cualquier otra cosa los intereses de cada una. Sólo podrá alborear una era de paz y de cooperación cuando las ideas nacionalistas sean desterradas de la política".

[23]   Aron, Raymond: *En defensa de la libertad y de la democracia liberal.* Barcelona. 1977, p. 20: "...los partidarios del régimen democrático-liberal se unen a sus adversarios reiteradamente a partir de una crítica histórica y no moral. Una sociedad corre el riesgo de ser víctima de sí misma cuando no está en condiciones de responder, de acuerdo con sus principios o sus métodos, a los desafíos que los acontecimientos le plantean...".

"El Estado debería adoptar la forma de un traje transparente y ceñido al cuerpo del pueblo, para que cada dilatación de las arterias, cada tensión muscular y cada sobresalto de los tendones deje su huella. Toda forma, bella o fea, tiene el derecho de ser lo que es, y nosotros no estamos autorizados para confeccionarle un pequeño traje según nuestra conveniencia..." [24].

El Estado de los revolucionarios de 1789, pero muy especialmente de los jacobinos a partir de 1792, era un instrumento casi quirúrgico, pero implacable, de un proyecto, más que moral, moralizador. Para Maximilien Robespierre, también jurista como Georges Danton, ese proyecto moralizador, vertebrado en torno al afán de implantar la virtud, es decir, una concepción estricta de la salud pública, debía sostenerse sobre el terror. Según Camille Desmoulins, también jurista además de dedicarse al ejercicio del periodismo, en el que sería un auténtico pionero, no existía orden político y mucho menos estatal posible al margen de la realidad, o pretendiendo ignorarla. El sistema político debía ser uno con la ciudadanía. Los términos del debate estatal durante los más de dos siglos desde entonces transcurridos quedaban así establecidos de manera nítida.

Woodrow Wilson, catedrático de Historia y de la Ciencia Política en Princeton y después presidente de la Universidad antes de alcanzar la gobernación de Nueva Jersey y sus dos mandatos como presidente de los Estados Unidos entre 1913 y 1921, habría de explicar muy bien, y ya en 1900, en un voluminoso tratado sobre el Estado que acudía a un detallado y argumentado razonamiento desde el análisis de su itinerario histórico, cómo la existencia del Estado de Derecho se basa también en la necesidad de control de todas las expresiones históricas del poder, y no únicamente en la

---

[24]   Büchner, Georg: *Woyzeck. La muerte de Danton* (Versiones de Alfonso Sastre y Eva Sastre sobre las traducciones de Pablo Sorozábal Serrano y Stephan Diersen) Hondarribia. 2002, pp. 95 y 124-125: "ROBESPIERRE. Aún no ha terminado la revolución social. Y el que deja una revolución a medias está cavando su propia tumba. La 'buena sociedad' todavía no ha muerto, y la sana energía del pueblo debe ocupar el lugar de esa clase hastiada desde cualquier punto de vista. Es necesario que el vicio sea castigado y que la virtud reine mediante el terror".

obligación de "administrar". Y, en una idea sumamente wilsoniana, y muy vinculada a la traza histórica de los demócratas estadounidenses, a la convicción de que el Estado de Derecho debe trabajar a favor de sociedades cada vez más grandes, más amplias en su base, en la dimensión de sus objetivos y de sus proyectos compartidos. Y siempre más grandes y fuertes que su gobierno. Defendiendo, en definitiva, que el Estado se convirtiera en la primera herramienta al servicio del bien común. Un bien común necesariamente integrado por el fomento y la preservación de una creciente cohesión social [25].

El Estado de Derecho, según su adjetivación convencional como "liberal" o "burgués", asumía como misión central la protección de los derechos y libertades fundamentales, comenzando por la libertad, la propiedad y la resistencia a la opresión. Esas tareas fueron ampliadas por el Estado social, que, sin renunciar a los objetivos de la formulación clásica del Estado material de Derecho, ensanchó su naturaleza y sus competencias. Y, en ese proceso, el Estado se convirtió en una potente argamasa social y política, fortaleciendo los mecanismos de cohesión social, y desarrollando una función estabilizadora y armonizadora del conjunto de las fuerzas que conforman las sociedades occidentales. Rafael Altamira adjudicaba a los seres humanos un interés *práctico* (sic) en la investigación iushistórica, concibiendo como problema general de la "historia humana" el de la civilización o, por ser más preciso, de su "progreso" [26]. Y ese itinerario de civilización, es decir, ese itinerario de los hombres en el tiempo hacia la plenitud de su proyecto de vida y de su dignidad, resulta inseparable de la consolidación del Estado social de Derecho, con todas sus facultades. Para la ciudadanía de Europa occidental, que desde 1945 ha visto casi duplicarse su esperanza de vida al mismo tiempo que se refundaba el Estado de Derecho y se emprendía el proceso de integración continental, la lectura *práctica* de su historia es inequívoca.

---

[25] Wilson, Woodrow: *The State. Elements of historical and practical politics*. London. 1900, pp. 635 t ss.
[26] Altamira, Rafael: *Filosofía de la Historia*. Madrid. MCMXVI, p. 51.

4. CONCLUSIONES. DE LA "FUNCIÓN SOCIAL OBJETIVA" DEL ESTADO A LA HISTÓRICA NECESIDAD Y CONSOLIDACIÓN DEL ESTADO MEDIADOR

La acción mediadora del Estado representa, en último término, una necesidad. Como decía un ya experimentado Arhur M. Schlesinger Jr. hace ya casi cuatro décadas, en 1986, el impacto de las formas de pensamiento que descalifican la acción del Estado, y promueven el individualismo bajo todas sus expresiones, representa el origen de un paulatino abandono de la presencia y la participación en la esfera pública, un abandono probablemente mucho más amplio y profundo que en el tiempo en el que un veterano liberal y demócrata como el autor de *Nuevos estilos en política* anunciaba, con enorme preocupación, intuyendo, en plena presidencia Reagan, una desafección política y cívica creciente:

> "Si la consecuencia intelectual del individualismo es el estancamiento, la consecuencia política podría ser el despotismo. La gente empieza por ver las obligaciones políticas como una distracción fastidiosa de la lucha por el dinero... La privatización que promueve la apatía cívica invita a la tiranía..." [27].

Para Fernando de los Ríos, el Estado de Derecho debía ser capaz de recoger y conjugar el amor a la libertad, el rechazo a toda manifestación de poder opresor, el respeto al ordenamiento jurídico y a las instituciones que se constituían de manera legítima, la tolerancia respecto a los posicionamientos no coincidentes, y la voluntad de entender y reconocer los conflictos, a las partes involucradas en ellos, y la consiguiente manifestación de proceder a su resolución sobre la base del diálogo y la voluntad de acuerdo. Es decir, asumir "una función social objetiva" en donde son los principios definidores de una sociedad democrática los inspiradores de las instituciones y formas de poder, y el sistema jurídico su traducción en el espacio público, a modo de permanente diálogo entre valores y principios y sistema político. Y el Estado de Derecho y sus pode-

---

[27]   Schlesinger, Arthur M. Jr.: *Los ciclos de la historia americana*. Madrid. 1988, p. 59.

res, como instancias que hacen posible esa traducción y ese diálogo, desempeñan una competencia mediadora, integradora, vertebradora y ordenadora esencial a la materialización de la democracia y, se diría más importante, como manera democrática de vivir, concepción y estilo a un mismo tiempo:

> "Ni el poder tiende a ser creado mediante una ordenación jurídica, ni el Derecho en el moderno Estado aspira a ser creado sino mediante su encuadramiento en una ordenación normativa vinculada a valores supremos de carácter ético, es decir, se trata de enlazar por la subordinación -...- a estos altísimos valores: al poder con el Derecho y al Derecho, a su vez, con el Poder y con los valores supremos..." [28].

Un Estado así implantado es capaz de proceder a la imprescindible armonización de intereses legítimos entre sí contrapuestos que concurren en el espacio público definidor de las sociedades contemporáneas. En pleno derrumbe de la primera de las dictaduras españolas del siglo XX, la encabezada por el militar jerezano Miguel Primo de Rivera entre el 13 de septiembre de 1923 y el 28 de enero de 1930, un escritor e intelectual opositor al autoritarismo, y de prestigio y autoridad universalmente reconocidos en España, Antonio Machado, escribió un artículo que, bajo la denominación *Intelectuales y obreros*, habría de publicarse en el diario *El Sol* en septiembre de 1929. Su reflexión, casi un siglo después trasciende, y de manera amplia, mucho más allá de la España que padecía en dicta-

---

[28] De los Ríos, Fernando: *¿Adónde va el Estado?* ..., pp. 374-376: "El Estado tiene una función social objetiva que constituye su sentido. Este sentido funcional objetivo no es idéntico a la validez y justificación que se le atribuye; pero las acciones causales que el Estado ejerce en el todo social nos obligan a diferenciar la causal de lo teleológico. El *telos* es lo propuesto por la conexión de un grupo de hombres organizados dentro del Estado para desarrollar una acción de poder legítimo y válido. Esa función determina, a su vez, una conexión de sentido, conexión de tipo espiritual que es la que da al Estado el significado de su dirección. El Estado, en tanto en cuanto está determinado por el territorio, tiene necesidad de ordenar dentro de sí, en forma unitaria, la interdependencia de los grupos que viven en el territorio... Ni la mera coacción ni el nudo poder son rasgos suficientes para caracterizar el Estado, sino que es, jurídica y socialmente, indispensable concebirlos como unidad autárquica funcionalmente ordenada para la subordinación y armonización de los interese contrapuestos".

dura, y viene a integrarse en nuestra más contemporánea reflexión
con enorme rotundidad. Sin duda, en las semanas previas al crack
bursátil de 1929, en una España signada por la desigualdad, la in-
justicia, y la ausencia de equidad, no resultaba sencillo imaginar
una amistad y alianza entre clases y sectores sociales de naturaleza
diversa. Pero si existía un esencial criterio de definición y delimita-
ción de las posiciones que, en torno al Estado de Derecho y las soluciones institucionales, convergían en la España y en la Europa de
Entreguerras. Y ese criterio se centraba en la libertad y en la creatividad, que emancipan, y se materializan en el Estado de Derecho, y su
ausencia, que son la primera expresión de la esclavitud, propia de
las sociedades autoritarias y de todas las expresiones de las formas
dictatoriales, invariablemente leales a su propia definición brutal y
coactiva a lo largo de la historia. El pensamiento de Antonio Machado acompaña hoy, con su honda claridad y sencillez de siempre, a la
concepción integral del Estado de Derecho, una concepción mediadora a favor de "las altas actividades del espíritu":

> "...No es fácil una inteligencia de clases. Pero un verdadero in-
> telectual y un hombre capaz de reflexión saben muy bien que
> las altas actividades del espíritu son esencialmente creadoras de
> libertad, y que no podrán nunca aplicarse a esclavizar las volun-
> tades ajenas. En cambio, las fuerzas que llevan a la dominación
> y al mando se condensaron siempre en largos períodos de servi-
> dumbre. El imperio es una satisfacción que se debe preferente-
> mente a los esclavos" [29].

---

[29]   Machado, Antonio: *Los complementarios y otras prosas póstumas*. Ordenación y
nota preliminar de Guillermo de Torre. Buenos Aires. 1968, p. 135.

DEMOCRACIA Y DIÁLOGO

Josep Antoni Duran i Lleida
Abogado

Más allá de agradecer la invitación a participar en este *Encuentro*, agradezco también la oportunidad de poder intercambiar reflexiones a propósito de la democracia y el diálogo. A nadie de los presentes se nos escapa que el diálogo es una condición necesaria, aunque no tal vez suficiente, para la existencia de democracia. E incluso, como anverso y reverso de la misma medalla, la democracia, entendida como capacidad de entendimiento, también es un requisito fundamental para el diálogo.

En cualquier debate, suele ser necesario precisar y definir los términos que usaremos en la reflexión, pero, sin ánimo académico alguno, es difícil establecer una definición de democracia que combine sus características teóricas con sus múltiples aproximaciones reales en el momento de ser aplicada. Porque, en la práctica, cualquier sistema político, incluso las autocracias más evidentes, acostumbran a calificarse como sistemas democráticos.

Norberto Bobbio ya indicó lo absurdo de considerar la democracia como un concepto tan elástico que se pueda estirar tanto como se quiera. "Desde que el mundo es mundo –escribió Bobbio– democracia significa gobierno de todos o de los muchos o de los más, contra el gobierno de uno, o de los pocos o de los menos". Sartori la definió, también por aproximación, como un sistema en que "la mayoría prevalece sobre las minorías, pero éstas también cuentan". En resumen, podríamos coincidir en que la democracia es o debería ser un escenario político en el que gobiernan las mayorías, pero en el que, a su vez, se respetan y garantizan los derechos de las minorías.

En cierta manera, la democracia sería un sistema que pretende conseguir el consenso cívico garantizando asimismo la capacidad de disenso. Mediante el establecimiento de normas y procedimientos, un sistema democrático busca alcanzar consensos o, como mínimo, legitimar la decisión adoptada por la mayoría, atribuyendo a esa decisión un mayor suporte ciudadano. Las minorías, entendido en un sentido amplio, serían aquellos grupos que disienten legítimamente de ese consenso mayoritario. Mientras que en un sistema dictatorial sólo se permite un posible consenso y los disentimientos son objeto de persecución y represión, en un sistema democrático, el consenso expresa la voluntad mayoritaria y el disenso no sólo está permitido, sino que es tutelado por los poderes públicos. Y esa dicotomía consenso/disenso –como sinónimo de mayorías y de minorías– no sólo es predicable respecto de posicionamientos políticos de derechas o de izquierdas, sino que resulta extensible a las más diversas cuestiones. Un sistema democrático debe garantizar los derechos de las minorías no únicamente en cuanto al eje izquierda/derecha sino también, por citar sólo algunos ejemplos, en materia de pluralidad y libertad religiosa, o en materia de identidades culturales y nacionales, o en materia idiomática, y en tantos y tantos ámbitos de sobra conocidos.

Todo ello nos lleva a mi frase inicial según la cual el diálogo es una de las condiciones necesarias para la democracia. Realmente, el diálogo es, a la vez, causa y consecuencia de la democracia. El diálogo, como condición previa, es ese instrumento que permite la comunicación entre actores políticos. Mediante el diálogo, mediante la comunicación, podemos empezar a conocer y a entender al otro, aproximarnos a sus razonamientos, establecer sus objetivos, consolidar coincidencias y constatar discrepancias. Sólo mediante el diálogo podemos empatizar con el otro, debatir propuestas e incluso alcanzar acuerdos. Lo contrario, el mal llamado "diálogo de sordos", sólo nos conduce a enquistar los conflictos y los desacuerdos y a sentirnos cada vez más diferentes y alejados del otro.

Por eso les decía que sin diálogo no hay democracia, y que, a su vez, la democracia es un sistema que alienta el diálogo. Un sistema político realmente democrático entiende que las decisiones a adoptar han de ser objeto de diálogo, y que sólo el debate político libre y plural –es decir, el diálogo– es la garantía legitimadora de cualquier decisión.

Las constituciones democráticas no son otra cosa que un conjunto de reglas para garantizar la convivencia libre de las distintas mayorías y minorías de una sociedad compleja. Por ello, en cualquier constitución, se garantiza que las leyes sean el resultado del debate entre las distintas posiciones políticas derivadas de la voluntad y el voto ciudadano. Los reglamentos de cualquier cámara democrática, en esencia, establecen, o deberían establecer, cauces ordenados para el diálogo de las distintas formaciones ante cualquier propuesta política que deba ser objeto de debate y decisión parlamentaria.

Ante cualquier proyecto o proposición, las ponencias, las comisiones y el pleno no son, o deberían ser, sino escenarios sucesivos para dialogar y posibilitar la consecución de acuerdos con el máximo consenso y soporte político. Si prescindiésemos del debate y de la tramitación dialogada parlamentaria, las leyes se podrían votar en el minuto cero de su entrada en el parlamento, pero no es así. La complejidad de la tramitación parlamentaria suele ser criticada como un ejemplo de burocracia y de lentitud, pero debería ser entendida como un refuerzo de la calidad democrática de la decisión que se adopte.

En una concepción liberal y clásica del diálogo político, en esa doble vertiente de causa y consecuencia de la democracia, el diálogo es una de las bases del Estado de Derecho, del Estado Democrático. Sólo el diálogo permite defender y garantizar, mediante el debate político, los derechos individuales, colectivos y sociales y las decisiones que se adopten mediante el voto, y sólo el diálogo permite resolver los conflictos políticos de una manera perdurable. Unamuno ya lo sintetizó exactamente en cuatro palabras en su célebre andanada a Millán Astray: "Venceréis, pero no convenceréis". En definitiva, retrataba la imposibilidad de las dictaduras para generar consensos y para garantizar que las minorías también se sientan partícipes y responsables en la adopción de decisiones. Y esa "corresponsabilidad" es la que se consigue mediante el respeto a las reglas del juego democrático y el respeto a las leyes emanadas de las instituciones, tanto si se comparten como si no se comparten.

En síntesis, el diálogo es una forma de permeabilizar los confines entre la mayoría y las minorías, de diluir las posiciones enfrentadas y de generar mayores territorios de consenso. Por tanto, el diálogo es la esencia no sólo de la democracia sino también de la convivencia en una sociedad libre, porque, mediante el diálogo y el debate, tantas mayorías como minorías son los últimos responsables de hallar soluciones que permitan vivir en paz y en harmonía, como una comunidad humana en la que todas las personas y grupos, sean cuales sean sus legítimas diferencias, se sientan incluidos.

Es obvio también que el diálogo no puede ser sólo una apariencia de diálogo. No se trata de sentarse en una mesa a escuchar pasivamente lo que diga el otro, sin ánimo alguno de entenderlo, ni consiste tampoco en agotar en soliloquios el tiempo concedido en las tribunas parlamentarias sin escuchar ni querer oír. Un diálogo eficaz se ha de fundar en el respeto, en la tolerancia, en la idea de que cada interlocutor posee su parte de verdad y su parte de razón. El diálogo ha de ser honesto, responsable y, si se me permite la expresión, se ha de caracterizar por la buena fe.

Creo que, en esencia, todos compartimos las anteriores consideraciones. Diálogo y democracia son una dualidad inseparable, y ambas piezas han de encajar a la perfección para que se abran las puertas de una convivencia libre.

Permítanme, y prometo ser breve, que ahonde en dos reflexiones adicionales. La primera de ellas consiste en indagar en el fundamento último de la necesidad del diálogo y de la democracia. Por alguna razón, las democracias se caracterizan por la existencia de parlamentos, es decir, de lugares en los que se parlamente, se habla y se debate. Baste recordar que tal vez el más remoto precedente de nuestros parlamentos actuales lo constituyen las llamadas "*assemblees de pau i treva*" (asambleas de paz y de tregua) impulsadas por el Abat Oliva a principios del siglo XI, como respuesta de la Iglesia y del pueblo a los excesos feudales de los nobles. Y, en definitiva, podríamos afirmar que esa necesidad de diálogo y de democracia es una cuestión que deriva de la razón, de la ilustración, del progreso, como una forma de evitar la confrontación, el conflicto y la guerra.

Podríamos usar también el texto como pretexto y establecer que el Estado de Derecho exige necesariamente el diálogo y que, por ello, el diálogo es consubstancial al Estado de Derecho. Pero no dejaría de ser un argumento de Perogrullo y tautológico, basado más en la observación empírica que en su fundamentación filosófica. Para mí, además de sus justificaciones prácticas y empíricas, además de su regulación mediante normas positivas y constitucionales, el diálogo posee una justificación que trasciende todas las fundamentaciones anteriores. El diálogo tiene valor per se porque es una forma de reconocer la dignidad humana del otro, un mecanismo que equipara las distintas partes y que permite todas ellas puedan trabajar en pro del bien común.

El diálogo sólo puede practicarse desde el respeto y desde el reconocimiento, desde la aceptación y comprensión de que el otro, o los demás, también son seres provistos de inteligencia y capacidad. Ciertamente, se puede intentar dialogar desde la discrepancia, desde la prevención, desde la sospecha y la desconfianza, pero el diálogo sólo fructifica cuando se avanza en la aceptación del otro y la empatía con el interlocutor. Pero, más allá de ello, a mi entender, el respeto al divergente es, sobre todo, una emanación de esa chispa divina que radica en todo ser humano. El diálogo con el otro no deja de ser un imperativo que resulta del mandato evangélico de amar y respetar a nuestro prójimo, de considerarlo hermano nuestro e hijo del mismo Creador. Para mí, el diálogo no es un resultado de prácticas racionales ni liberales, sino una obligación derivada de la propia conciencia y de los propios valores humanistas con los que siempre he intentado guiarme.

Y esos valores humanistas han contribuido de manera fundamental en la consecución de la paz y en la consolidación de los principios democráticos. La democracia es útil, pero la búsqueda del bien común y la fraternidad comunitaria son caminos que, desde otros orígenes distintos a la utilidad y la conveniencia, nos conducen a objetivos de libertad, de respeto y de progreso compartido. La Europa comunitaria ha ido avanzando por razones prácticas, pero se construyó a partir de un anhelo de paz y sólo fue posible porque, por encima de la desconfianza y las heridas de dos guerras devastadoras, hubo líderes que aspiraban a la paz y que reconocían en sus antiguos enemigos otros seres humanos y otros pueblos con los que entenderse y avanzar conjuntamente. Sólo ese respeto permitió impulsar un proyecto tan esperanzador como la Unión Europea. Una Europa unida no podrá ser jamás el resultado de tratados económicos, sino que sólo será posible a través del sentimiento de pertenencia a una gran comunidad humana.

Por tanto, el diálogo es necesario para la convivencia y la democracia, pero sin un fundamento espiritual, sin una razón trascendente, el diálogo se convierte en un mero instrumento utilitarista que se emplea cuando conviene y se desecha cuando no nos interesa.

Y la segunda reflexión a la que aludía no es otra que la necesidad de reforzar el valor del diálogo en nuestros tiempos actuales. Vivimos en una época en que el diálogo con el "otro" ha dejado de ser una virtud y se convierte en anatema. O bien practicamos un individualismo interesado y sin alma, que nos aísla en nuestros móviles y en nosotros mismos, sin darle importancia alguna a nuestro prójimo ni a nuestra comunidad, o bien hemos convertido el diálogo en agresión. No existe voluntad alguna de entendimiento. El divergente ha dejado de ser alguien con alma y entendimiento y lo hemos convertido en el enemigo, en un loco perverso, en un ser repulsivo cargado de maldad y enfermo.

No hace falta poner nombres, pero todos podríamos enumerar ejemplos escalofriantes de actuaciones impensables en cualquier democracia asentada. Que el máximo mandatario de un país mayoritariamente católico y elegido por las urnas llame a la población a matar a sus obispos, y afirme que "esos bastardos no sirven para nada. Lo único que hacen es criticar", nos demuestra que algo falla en esa supuesta democracia. Que un ya expresidente manifestase que a su rival en las elecciones tenían que encerrarla en la cárcel, también nos indica de qué estamos hablando... Hemos visto en estos últimos años como democracias supuestamente avanzadísimas se enfrentaban a hechos insólitos y lamentables. Hemos visto en directo espectáculos que años atrás no habría podido imaginar ni el mayor experto en ciencia ficción.

Y eso no pasa siempre en lugares lejanos o en democracias poco consolidadas. Es la nueva forma de hacer política, en la que ya no se busca el bien común sino la consecución del poder por el poder, sin limitación ni principio alguno. La tendencia no es buscar espacios de consenso sino lograr el mayor disenso, la mayor confrontación, sojuzgar al rival tanto como sea posible. Ya no interesa el progreso económico, moral y cívico del conjunto de la sociedad, sino que sólo se persigue la máxima división. "O estás conmigo o contra mí". Ya no hay diálogo. Sólo existe la voluntad de hablar única y exclusivamente consigo mismo y con nadie más. Ya no existe un propósito común de alcanzar, entre todos, el bien común y una mayor cota de derechos humanos. Y en esta materia, los medios de comunicación deberían hacer un profundo examen de conciencia.

Deberíamos rebelarnos contra una manera de hacer política y de generar opinión que hunde su razón de ser en nuestras miserias, en nuestros miedos, en nuestra ignorancia, y no en unos valores y principios humanistas y sociales. Poco diálogo existirá si vivimos inmersos en el individualismo, el populismo, la fragmentación social y la incapacidad de acomodar nuestros actos a los mínimos estándares de la decencia, de la fraternidad humana y de la solidaridad universal. Ante eso, debemos reaccionar. Debemos reforzar nuestro espíritu comunitario, nuestra defensa de los derechos humanos, nuestro respeto hacia los demás, sean cuales sean nuestras diferencias, si a pesar de ello seguimos interesados en alcanzar el bien común.

Esperemos que la solidez de nuestras instituciones nos defienda frente al populismo, la división y el enfrentamiento, porque la amenaza que se cierne sobre todas las democracias dista mucho de ser sólo una anécdota pasajera. El humanismo y la cohesión social resultan imprescindibles para afianzar unas democracias cuya fragilidad empezamos a percibir y esperemos que no sea tarde.

Hace muy pocos días, tuve ocasión de evocar ante otro foro la admirada figura y trayectoria de Oswaldo Payá. Y me gustó recordar que, como el propio Payá explicó más de una vez, su compromiso por la libertad y el entendimiento en Cuba nació en una parroquia leyendo el Evangelio. Payá nos recordó que Jesús decía: "dad a Dios lo que es de Dios", y nos tocó el corazón. Y que cuando el régimen en Cuba quiere quedarse con tu libertad y con tu misma persona, Jesús te recuerda que eres hijo de Dios, que tienes la libertad que Dios te dio, que el césar no te la puede quitar, y el sistema es el césar que te quiere quitar la libertad". Por eso denominó su movimiento como Movimiento Cristiano de Liberación.

El humanismo social, tan necesario hoy en día, sí que nos exige lucha, valor y esfuerzo. Pero el resultado, ese resultado que siempre podrá ser mejorable como toda obra humana, habrá valido la pena y habrá justificado todos nuestros sacrificios si con nuestro esfuerzo consolidamos la democracia y luchamos por el progreso nuestro, de nuestras familias, de nuestra comunidad, de nuestros semejantes y de la familia humana en su conjunto. Tal vez estamos asistiendo a una nueva forma de revolución política, de cambio de aquello que habíamos conocido y de tránsito hacia situaciones oscuras y preocupantes. Las revoluciones no tienen por qué ser a mejor. Esa teoría del final de la historia cede estrepitosamente ante la evidencia de que podemos retroceder e incluso adentrarnos en ciénagas desconocidas.

Sin embargo, no quisiera acabar sin un llamamiento a la esperanza. Es cierto que nos acosan problemas, que nuestras democracias flaquean y se ven asediadas por energúmenos que se atribuyen la representación de "la buena gente" contra los demás, contra los discordantes, contra el enemigo. Pero también es cierto que la democracia dispone de recursos para defenderse, y el primero de ellos es la percepción de los nuevos problemas que nos acechan. El respeto, el humanismo, la tolerancia, la sed de justicia, la defensa de los derechos humanos y sociales, todo ello ha de comprometernos en el fortalecimiento de la cultura democrática y de la búsqueda del bien común. Como se ha dicho a menudo, el diálogo es un instrumento cuyo manejo se convierte más ágil con la práctica perseverante y cotidiana.

En cualquier caso, el diálogo es una responsabilidad cívica y constituye nuestro último baluarte para defender nuestra convivencia política.

EL CARDENAL RAÚL SILVA HENRÍQUEZ Y SU ROL COMO MEDIADOR A FINES DEL GOBIERNO DEL PRESIDENTE SALVADOR ALLENDE GOSSENS

GIANFRANCO ARATA YUNISIC

Universidad Rey Juan Carlos

1. INTRODUCCIÓN

A continuación, analizaremos brevemente la figura del cardenal chileno Raúl Silva Henríquez, como una de las principales personalidades en el contexto del aniversario de los cincuenta años del golpe militar y del quiebre de la democracia en Chile, dado su rol de mediador-moral durante la conversación del entonces senador y presidente del partido demócrata cristiano, Patricio Aylwin Azócar con el presidente de la república Salvador Allende Gossens, durante los últimos días del gobierno de la Unidad Popular.

El cardenal Silva fue un católico demócrata, en su rol de mediador a favor de una salida institucional a la crisis ocurrida, en el gobierno de Salvador Allende y luego durante la dictadura militar en su papel de defensa de los derechos humanos.

Al investigar la figura de S.E.R. Raúl Cardenal Silva, su significación y su actuar en los diversos contextos sociopolíticos que experimentó el país, aparece un estilo de liderazgo que tiene como origen "un modo religioso de conocer" y un estilo de actuación que marcan y pueden llegar a caracterizar su tiempo como "la época del cardenal". Nos encontramos con una figura que impacta en el contexto de cambios y busca mediar en las situaciones complejas que le tocó enfrentar.

Ello se puede demostrar, pues desde su juventud buscó acercar posiciones, pero a la vez ser un gestor del cambio, tratando de no involucrarse directamente en la política contingente, sino que, a través de la doctrina social de la Iglesia, poniendo en práctica el Concilio Vaticano II, del cual fue un decidido impulsor. Su estilo como sacerdote-religioso se asemejó a la lucidez de muchos fundadores de congregaciones que, con decidido liderazgo, supieron descifrar los signos de su tiempo.

Tenía un carácter de natural empatía con los demás, pero firme en sus posiciones, no era su intención agradar si ello trastocaba sus valores fundamentales y su preocupación especial por los más pobres y la Iglesia. No pensaba que el conflicto fuera contrario de la comunión, no lo veía como un mal, que debería ser evitado. Por el contrario, sus posiciones se acercaban más a respetar las necesidades y aspiraciones de los demás.

Ello es preclaro no solamente en el caso de mediación específico que analizaremos, sino en toda su fructífera vida sacerdotal:

Algunos, otros ejemplos de sus mediaciones fueron:

1. En su papel como pacificador y de unidad en la reforma de la Pontificia Universidad Católica de Chile (UC).

2. En su rol para acoger a las víctimas de los derechos humanos en dictadura a través del Comité Pro-Paz y de la Vicaría de la Solidaridad y a los académicos exonerados de la UC, en la naciente Academia de Humanismo Cristiano, que él fundó, hoy Universidad Católica Raúl Silva Henríquez.

3. En mediar para la entrega de tierras a los campesinos por parte del Arzobispado, recurriendo al Sumo Pontífice Juan XXIII, legislador supremo, cuando no hubo acuerdo en la curia de Santiago.

4. Es destacable también los primeros intentos del Cardenal Silva después del conclave que eligió a Juan Pablo I, por obtener una mediación Papal ante una posible guerra con Argentina.

5. Su rol como mediador en la gestión de la cooperativa Invica, de Caritas, del naciente banco del Desarrollo, durante la venta de las tierras de los monjes trapenses en la Dehesa y con el Nuncio Ángelo Sodano entre otras.

Parte importante del prestigio e influencia que tuvo la Iglesia Católica en Chile, desde la dictadura hasta bien avanzada la democracia, se debió a la confianza adquirida por la institución, dado el rol de mediadora e intercesora de los derechos humanos que asumió la Iglesia, liderada en Santiago por el Cardenal Silva.

2. EL ROL DE MEDIADOR DEL CARDENAL RAÚL SILVA HENRÍQUEZ, EN LA ÚLTIMA CENA ENTRE SALVADOR ALLENDE Y PATRICIO AYLWIN

Un rol relevante de mediación, aunque, fallido ocurrió en la cena que tuvieran el senador Aylwin con el presidente Allende y que don Patricio, relata en un libro póstumo de memorias recientemente publicadas en 2023, así como lo hiciera de manera muy similar el cardenal Silva en sus memorias de 1991.

¿Por qué Allende buscó al cardenal para mediar? Por dos razones: primero, quería tener una especie de "testigo moral" que fuese, según sus propias palabras, respetable para los dos bandos; y, segundo porque él, político masón, de formación atea, que casi no había tenido contacto con la Iglesia, estaba convencido de que el cardenal, tenía una influencia decisiva en la democracia cristiana [1].

Patricio Aylwin, era amigo personal del cardenal y aceptó la invitación pues de seguro buscaba colaborar con una salida política, a la grave crisis institucional en que había devenido el gobierno de

---

[1]   Cavallo, Ascanio. *Memorias del Cardenal Raúl Silva.* Segunda edición 2009. p. 470.

la Unidad Popular, ante una descalabro económico generalizado, paros indefinidos de varios gremios, especialmente ante la toma de empresas y campos, el apoyo de Estados Unidos para desestabilizar el país, como el descontento que había producido la larga visita de Fidel Castro a Chile y la declaración de la Cámara de Diputados que había hecho ver los problemas que vivía el país, dirigida también a los comandantes en jefe de las fuerzas armadas que participaban en Ministerios del gobierno del presidente Allende.

El cardenal Silva busca en este contexto que la Iglesia, fuera una real intermediaria entre las fuerzas políticas y sociales de la época, reconoce que Allende no había interferido en Iglesia, pero sí tuvo graves controversias con él por la Reforma Educacional. El cardenal Silva, si bien comprendía la necesidad de una mediación con el presidente Allende y de que la democracia cristiana, tenía para ello un rol fundamental, como principal partido opositor; también sabía que el tiempo para ello era escaso y el clima debía ser el adecuado.

Por eso instó a Aylwin se reuniera con el presidente Allende, dado una llamada que recibió el cardenal del jefe de Estado y ofreció su casa de arzobispo, para aportar un ambiente más neutral y relajado. Si bien, no conocemos de primera fuente las opiniones del presidente Allende, sabemos por su hija la senadora Isabel Allende, las buenas relaciones que tenían con el purpurado, producto de muchas conversaciones, durante los aniversarios del día 1 de mayo, día del Trabajador entre otras.

El encuentro Allende-Aylwin, se dio en un ambiente político extraordinariamente tenso. El 26 de julio había comenzado el paro de camioneros, al que luego se plegaron otros gremios. El 27 de julio fue asesinado el edecán naval del presidente Allende, pocos días antes el expresidente Eduardo Frei se había negado a asistir a una cita similar. Por eso quizás el Cardenal Silva al invitar a don Patricio a la cena lo interpela en su conciencia de católico, de que debe realizar un último esfuerzo. Aylwin asintió a la invitación, aunque con cierta demora.

Don Patricio Aylwin, fue muy receloso con la información recibida y se lo comentó solo al vicepresidente del partido, por lo secreta de la reunión, porque pensaba que no contaba con el apoyo de su partido y dado el fracaso de las negociaciones anteriores. La cita en cuestión ocurrió un viernes 17 de agosto de 1973. Recuerda Patricio Aylwin, en su libro de memorias: "24 días antes del golpe, acudí a la invitación del cardenal Silva para reunirme con Allende. El prelado sería el mediador de una conversación difícil. Por esos días, los vínculos entre la DC y el Gobierno UP estaban quebrados y la intención era intentar un diálogo franco. Llegué puntual a las 9.00 de la noche. Una hora y media más tarde lo hizo el presidente. "Venía distendido, lo que me pareció que no correspondía al momento", relata el líder DC, quien planteó al mandatario sus aprensiones. "Usted, presidente, puede pasar a la historia con dos imágenes: una, la del hombre que ofreció construir en Chile el socialismo en democracia, y que, al cabo de tres años, no ha construido el socialismo, ha destruido la democracia y ha puesto en riesgo la seguridad del país; la otra, la de un hombre cuyo Gobierno marque un hito, de tal manera que se diga: antes de Allende y después de Allende". Y agregó: "¡Usted tiene que escoger presidente, tiene que elegir! Usted no puede estar al mismo tiempo con Carlos Altamirano (secretario general del Partido Socialista que promovía la implantación del socialismo real por la vía que fuese necesaria) y con la Marina".[2] Angustiado como relata don Patricio en sus memorias, intuía que la reunión podría terminar siendo otra maniobra dilatoria, que debilitaría la posición de la Democracia Cristiana ante la opinión pública.

Por ello Patricio Aylwin, luego primer presidente tras el retorno de la democracia, insiste ante el presidente Allende, que sus buenos propósitos y palabras no se conciliaban con los hechos. Entonces, Allende, en forma solemne, como para demostrar a los presentes que él cumplía sus promesas, se dirigió al cardenal en los siguientes tér-

---

    [2]   Aylwin, Patricio. *La experiencia política de la Unidad Popular, 1970 - 1973. póstumo.* Versión digital. Editorial Debate. p. 1391.

minos: "Señor cardenal, señor senador, señor secretario: yo he pro-
metido que no tocaría a la Iglesia ni con el pétalo de una rosa. Digan
si no es verdad que yo he cumplido". El cardenal le agradeció por la
actitud siempre respetuosa y comprensiva con la institución, pero le
expresó que los mandos medios no siempre habían cumplido.

La conversación más relevante se realizó en la biblioteca privada
del cardenal, ya sin la presencia de su secretario privado. En el es-
critorio, el presidente Allende comentó: "Esto es Chile. En qué parte
del mundo podría darse que un presidente, masón y marxista, se re-
úne a comer en la casa del cardenal con el jefe de la oposición". Los
tres que allí estábamos convinimos en que ello era posible debido
al espíritu de diálogo, que siempre había primado nuestra patria.
Allende me dijo en tono quejoso: "Usted no me cree. Yo le creo a usted. "¡Cómo le voy a creer, presidente, si ha dicho tantas veces una
cosa y el gobierno ha hecho la contraria!". Señaló Aylwin.

Tras reiterar su confianza en su capacidad para manejar la situación y controlar a los grupos extremistas, enfatizando que en
su gobierno no habría dictadura del proletariado, Allende contó
anécdotas sobre algunos hechos ocurridos por esos días. Al ver que
nuevamente la conversación se alejaba de los temas necesarios de
abordar, le planteé que no era posible que diéramos por finaliza-
do el encuentro sin tocar los problemas que estaban latentes en ese
instante. Le manifesté mi preocupación por algunos temas como,
promulgar la reforma constitucional sobre las áreas de la economía,
asegurar que el gobierno fuera a seguir el cauce democrático y que
los poderes institucionales fueran los que gobernasen y no ser so-
brepasados por poderes de hecho.[3] Dijo don Patricio.

El presidente me contestó sobre la reforma constitucional, que
daría instrucciones al ministro Carlos Briones de ponerse al habla
conmigo para que buscáramos una fórmula, porque su deseo era
promulgarla. A continuación, se plantea un primer tema específico,

---

[3]   Aylwin, Patricio. *La experiencia política de la Unidad Popular, 1970 - 1973. póstumo.*
Versión digital, p. 1388.

el problema de los trabajadores del cobre, a lo cual me replicó que él no podía estar amparando a gente del grupo subversivo de extrema derecha, Patria y Libertad. Le expresé que los trabajadores del cobre no eran de Patria y Libertad, eran obreros. El presidente respondió, que al día siguiente ordenaría el inmediato reintegro de todos quienes no fueran de Patria y Libertad. Luego se abordaron algunos asuntos de la empresa Papelera, haciéndole ver Aylwin "que hubiera un precio justo para sus productos y evitar su quiebra, que quería defender su existencia y de este modo la libertad de información al ser la principal productora de papel del país".

El presidente Allende buscó negociar con una posición más extrema y reiterar la idea de una Comisión Nacional de Distribución del Papel. Hábilmente Aylwin señala, que ello no cuenta con apoyo de la opinión pública y Allende, en este segundo tema, plantea crear una comisión en lo que ambos asienten. Luego en un tercer tema, que algo se avanzó, fue el de los transportistas planteando una negociación entre el ministro de transporte y un alto dirigente gremial. Tras debatir sobre otras cuestiones menores que aquejaban la política nacional, terminó la cita. "Fue la última vez que lo vi: la madrugada del 18 de agosto", dice Aylwin, que quedó desilusionado tras la reunión[4].

Las memorias del Cardenal son complementarias con los hechos y no entran en contradicción con la mirada de Aylwin. Al día siguiente de esta cena, Patricio Aylwin acude a la casa del Cardenal Silva para intercambiar opiniones, donde ambos coinciden que no se pudieron obtener acuerdos mayores; Aylwin se extraña que el presidente Allende, para los temas relevantes no llegara con una posición concreta y el Cardenal en un tono inicial, más conciliador valora los acuerdos menores alcanzados.

El Cardenal y Aylwin se sintieron sin embargo luego, defraudados ante algunas filtraciones que Allende hizo, de la cena con

---

[4]   Aylwin, Patricio. *La experiencia política de la Unidad Popular, 1970 - 1973. póstumo.* Versión digital, p. 1399.

algunos generales y de que no se avanzó en los acuerdos. Allende no sabía, que había sido su última oportunidad, de negociar con la democracia cristiana, y más que reconocer sus errores en algunos momentos, en tono soberbio buscó defenderse y en los pocos ofrecimientos que hizo a Aylwin, este último ya manifestaba una actitud de desconfianza en el actuar presidencial, prueba de ello es que lo invita a definirse en sus posiciones.

El tiempo del presidente Allende se iba acabando ante la conjura del Golpe de Estado. Cuando llegó el lunes 10 de septiembre, muchas decisiones cruciales estaban ya tomadas. En lo que sería el último eco de esta cena, Allende envió un mensaje a Aylwin, diciéndole que estaba dispuesto a promulgar la reforma a las áreas económicas del país, dándose un plazo de tres meses para resolver qué se haría con las industrias y las empresas ocupadas de facto. La DC no aceptó eso.

Paralelamente, el partido Comunista envió a Allende una carta donde le entregaba plenos poderes para actuar como mejor lo estimara: era el único partido en esa posición. A la vez, según su ministro Carlos Briones, Allende anunciaría en los próximos días un plebiscito".[5] Lamentablemente el cardenal Silva y la Iglesia chilena, no lograron una solución en la mediación del conflicto, no tenían el peso ni la influencia suficiente en el gobierno de Allende ni en los militares para de evitar el fin de la democracia. Pues la mayoría de los dirigentes de la UP los consideraban simples burgueses y muchos militares consideraban al cardenal Silva un cura filocomunista rojo.

Merino pronto iría a la casa de Pinochet, a solicitar la firma del desenlace fatal, en ese instante todas las condiciones de mediador del cardenal Silva Henríquez eran insuficientes ante la violencia de un golpe de estado, que bombardeó el Palacio de la Moneda, produjo el suicidio de Allende y una terrible dictadura de más de 16 años. El cardenal Silva ya no era la persona que pudiera dialogar con golpistas. Don Raúl reconoce al finalizar sus memorias, que pudo

---

    5   Cavallo, Ascanio. *Memorias del Cardenal Raúl Silva Henríquez*. Segunda edición 2009. p. 494.

ser un hombre polémico, que ha pedido perdón por ello pero que siempre buscó ser un actor relevante en tiempos complejos, teniendo presentes las palabras de Cristo, su sufrimiento y su holocausto[6].

3. Conclusiones

Para concluir deseo recordar las palabras del actual Rector de la Universidad Católica de Chile, Dr. Ignacio Sánchez con ocasión de un homenaje realizado a su persona en la Universidad por los cincuenta años del golpe de Estado "Al cardenal, si había algo que lo caracterizaba, era mediar tratar de poner de acuerdo con personas que tenían distintas miradas. Y no solamente tratar de solucionar un problema, sino que valorar la diversidad de opiniones, de miradas, cosa que en el Chile de hoy es lo que tenemos que hacer".

Recordar asimismo las palabras del Papa Francisco, al cerrar el Congreso Mundial de Educación Católica, celebrado en la Santa Sede, con ocasión de la celebración de los cincuenta años de "Gravissumus Educationes" y los 25 años de "Ex Cordae Ecclesiae" donde nos invitaba a " educar en el dialogo y los acuerdos pues ese es el sello de la identidad católica y misión con el mundo plural de hoy" eso es lo que buscó practicar S.E.R. Raúl Cardenal Silva Henríquez, apóstol de los derechos humanos, premio Príncipe de Asturias, reconocido por las Naciones Unidas y la Santa Sede pero sobre todo cardenal del pueblo que peregrina en Chile.

---

[6]   Cavallo, Ascanio. *Memorias del Cardenal Raúl Silva.* Segunda Edición 2009. p. 739.

EL LENTO DETERIORO DE LA CONSTITUCIÓN ECONÓMICA PERUANA

Felipe Paredes San Román

Universidad Rey Juan Carlos

1. De la hiperinflación a la estabilidad monetaria

El Perú de la década de los ochenta no solo padeció la sangrienta actuación de organizaciones terroristas que buscaban conseguir el poder a través de la violencia, sino también por la hiperinflación que afectó la capacidad adquisitiva de sus habitantes. Sin embargo, desde los noventa, logró la reducción, a su mínima expresión, del accionar subversivo y registró una sostenida mejora económica.

El 5 de septiembre de 2024, el Banco Central de Reserva (BCR), organismo constitucional autónomo encargado de preservar la estabilidad monetaria[1], anunció que el Perú, en comparación con sus vecinos de Sudamérica y con México inclusive, es el país que durante más tiempo ha mantenido la tasa de inflación por debajo del 10%: 27 años y siete meses, de ahí que el sol sea la moneda propia más sólida de la región; lo que contrasta significativamente con la tasa de inflación acumulada de 1987 a 1990 que fue de 3,5 millones por ciento[2]. Por su parte, las reservas internacionales del Perú ascienden a USD 81 mil

---

[1] Cfr. Artículo 84 de la Constitución.
[2] Cfr. Perú alcanza récord histórico de inflación continua de un dígito. Nota publicada en https://www.bcrp.gob.pe/docs/Transparencia/Notas-Informativas/2024/nota-informativa-2024-09-05.pdf, consultada el 24.10.2024.

978 millones (a agosto de 2024)[3], cifra largamente superior a los USD 357 millones que el país tenía en 1989[4]; la pobreza disminuyó de un 59% que se registró en el 2004 al 29% vigente al 2024, pese al notorio impacto producido por la pandemia derivada de la COVID-19, y el producto bruto interno (valor de bienes y servicios finales) creció de USD 1 mil 300 por cabeza (1993) a 6 mil 800 (2021).

2. Riesgos que se ciernen sobre la economía

El Consejo Fiscal, que es una comisión autónoma y técnica del sector público -no obstante estar adscrita al Ministerio de Economía y Finanzas-, alertó que el Congreso de la República viene aprobando leyes que constituyen una seria amenaza para el equilibrio presupuestal del país. De hecho, en un comunicado insistió en que "entre 2021 y 2024, el Congreso aprobó leyes que generan gastos por S/ 56 mil millones (aproximadamente 5,2% del PBI)", monto que está pendiente de incorporarse al presupuesto público[5].

Pero si el Consejo Fiscal advierte de riesgos, el ex ministro de Economía y Finanzas Waldo Mendoza lo hace respecto de situaciones concretas que están ocurriendo actualmente. Así, señaló que el Perú está gastando más de lo que percibe como ingresos, es decir, está incurriendo en déficit fiscal, a tal punto que está incumpliendo la meta que se impuso, pues está gastando el 4% del PBI cuando se comprometió a no gastar más del 2.8%, lo que implica que, por segundo año consecutivo desde 1999, el país estaría incumpliendo la regla fiscal autoimpuesta[6].

---

[3]   Cfr.   https://www.bcrp.gob.pe/docs/Publicaciones/Nota-Semanal/2024/resumen-informativo-2024-08-29.pdf, consultada el 24.10.2024.

[4]   Cfr. https://estadisticas.bcrp.gob.pe/estadisticas/series/anuales/resultados/PM06103MA/html, consultada el 24.10.2024.

[5]   Cfr. Comunicado del 9.10.2024: El Consejo Fiscal alerta sobre riesgos fiscales que pueden comprometer la sostenibilidad fiscal del país https://cf.gob.pe/documentos/comunicado-n-04-2024-cf-el-consejo-fiscal-alerta-sobre-riesgos-fiscales-que-pueden-comprometer-la-sostenibilidad-fiscal-del-pais/ consultado el 25.10.2024.

[6]   Cfr. ¿Qué les pasa al MEF y al TC? https://elcomercio.pe/economia/opinion/que-les-pasa-al-mef-y-al-tc-opinion-mef-tc-tribunal-constitucional-politica-fiscal-fi-

El Congreso aprobó el proyecto de ley de presupuesto general de la República el 30 de noviembre de 2024 -último día fijado por la Constitución para ello-, sin embargo, preocupa que el Poder Ejecutivo, que es el competente para alcanzar dicho proyecto, haya incluido en él un monto de S/. 7,000 millones cuya recaudación se basa en una mera probabilidad: ganar litigios en el Tribunal Fiscal, ente con autonomía técnica, que puede o no dar la razón al Poder Ejecutivo en sus controversias[7]. Tal parece entonces, que ni el Congreso ni el Poder Ejecutivo, al 2024, están comprometidos con mantener la disciplina fiscal y el equilibrio presupuestario que distinguían al Perú.

3. LA CAUSA DEL LENTO DETERIORO DE LA CONSTITUCIÓN ECONÓMICA

3.1. La actuación del Congreso

La pandemia originada por el COVID-19 desnudó la anarquía experimentada en los establecimientos sanitarios del país. A los hospitales administrados por el Ministerio de Salud se sumaban los gobernados por el Seguro Social de Salud-ESSALUD, organismo público adscrito al Ministerio de Trabajo y Promoción del Empleo, los hospitales que atienden exclusivamente a los miembros de las fuerzas armadas (adscritas al Ministerio de Defensa) y a las fuerzas policiales (que dependen del Ministerio del Interior), y los que se rigen bajo los gobiernos regionales.

Ante tan crítica situación, no fue de extrañar que el Congreso aprobara declarar en emergencia el Sistema Nacional de Salud, ordenando que, en pandemia y siempre que el Poder Ejecutivo haya dictado el estado de emergencia correspondiente[8], el Ministerio de Salud asuma, temporalmente, la conducción administrativa de todos los establecimientos sanitarios, independientemente de a qué entidad

---

nanzas-publicas-deficit-fiscal-tasas-de-interes-gasto-publico-presupuesto-publico-pbi-bcrp-sector-informal-noticia/ consultado el 12.10.2024.

[7]   Cfr. Comunicado del Consejo Fiscal del 9.10.2024. Ibid.

[8]   Estado de alerta en otras legislaciones.

administrativa se reporte. Naturalmente, este mandato parlamentario fue bien recibido en la medida que se trataba de una norma necesaria. Sin embargo, dicha ley también comprendió otras disposiciones, siendo la más discutible, a mi juicio, aquella que permitía que los trabajadores sanitarios de ESSALUD contratados laboralmente bajo el régimen de suplencia pasen a la condición de contratados bajo el régimen laboral de duración indeterminada, a condición de que estén en esa condición de suplencia por más de cinco años.

Conforme al artículo 108 de la Constitución, las leyes aprobadas por el Congreso pueden ser promulgadas (si se está de acuerdo) u objetadas (observadas) por el presidente de la República. En este último caso si el Congreso desea insistir (reconsiderar) en su aprobación, logrará este si consigue los votos de la mitad más uno del número legal de sus miembros. El presidente también puede abstenerse, si no emite pronunciamiento alguno en el plazo de quince días hábiles.

En el caso examinado, el entonces presidente de la República observó la norma, acusando fundamentalmente que el Congreso estaba generando gasto público con esa iniciativa legislativa, pues obligaba al Estado a financiar las remuneraciones de personal sanitario que pasaba a engrosar, sin limitación temporal alguna, la burocracia estatal, y sin que medie coordinación efectuada con el Ministerio de Economía y Finanzas, que secunda al presidente en el cumplimiento de su competencia constitucional[9] de "administrar la hacienda pública".

Sin embargo, el Congreso, que, en un Estado de Derecho, ciertamente no está obligado a allanarse, total o parcialmente, a las observaciones del presidente de la República, obtuvo los votos necesarios para insistir en su aprobación, y se publicó la ley N° 31125, "Ley que declara en emergencia el Sistema Nacional de Salud y regula su proceso de reforma", por lo que no llamó la atención que el Poder Ejecutivo, en línea con la observación efectuada, interpusiera una demanda de inconstitucionalidad contra ella, denunciando la viola-

---

9   Cfr. Artículo 118, numeral 17.

ción, entre otros, del artículo 79 de la Constitución que prohíbe toda iniciativa parlamentaria que cree o aumente gasto público, salvo que se refiera al presupuesto del propio Congreso.

3.2. Antecedentes de la demanda de inconstitucionalidad contra la Ley 31125

Al momento de presentarse dicha demanda (julio de 2021), el poder Ejecutivo tenía muy presente la sentencia del Tribunal Constitucional (febrero de 2021) que, unánimemente, declaró inconstitucional la ley 31803 que disponía la devolución de fondos a los aportantes al sistema público de pensiones, lo que, de haberse concretado, hubiese originado un egreso de USD 5 millones, aproximadamente[10].

Destaca particularmente de dicho pronunciamiento la interpretación realizada sobre el citado artículo 79, no solo porque protege a las nuevas generaciones del dispendio de fondos públicos, sino porque señala que la proscripción de la iniciativa parlamentaria de gasto se explica bajo el principio de unidad de la Constitución que reclama un enfoque integral en su examen, y es que tal proscripción constituye una aplicación concreta del principio de equilibrio y estabilidad presupuestaria contenido en el artículo 78 de la Constitución.

Para un país que conoció del derroche en las finanzas públicas, es comprensible que se haya dado rango constitucional a prohibiciones dirigidas a los congresistas para que no generen gasto, a fin de evitar que la injerencia política perjudique la marcha de la economía nacional.

3.3. El rol del Tribunal Constitucional (TC)

Sin embargo, la nueva composición del TC, que fue la que resolvió la demanda de inconstitucionalidad presentada contra la

---

[10]   Cfr. https://tc.gob.pe/jurisprudencia/2021/00016-2020-AI.pdf (fundamento jurídico 28). Consultado el 13.11.2024.

ley N° 31125 que declara en emergencia el Sistema Nacional de Salud, introdujo un importante matiz al interpretar la Constitución.

Así, en la Sentencia 337/2022 de 27 de setiembre de 2022, aunque publicada el 4 de noviembre de dicho año, el TC consideró, por mayoría, que la prohibición de iniciativa parlamentaria de creación o aumento de gasto se limita a solo un año, basándose en que la ley de presupuesto general de la República tiene duración anual[11]. Asimismo, señaló que, "de la Constitución no fluye explícitamente en qué consiste un gasto público" y distinguió lo que es una "consignación de un gasto en el presupuesto" respecto de una "obligación de Estado", sosteniendo que en el caso analizado estábamos ante una obligación de Estado generada por una ley, de ahí que la ejecución del gasto aprobada por la ley pueda cumplirse a partir del segundo año de su aprobación.

Si bien el TC se escudó en una anterior "sentencia" emitida por otra composición del colegiado como sustento del criterio al que arribó en el 2022, ello no es exacto, más allá de que, en efecto, haya replicado una serie de fundamentos. La "sentencia"[12] a la que se alude en la referida sentencia 337/2022 no son sino dos "votos singulares", esto es, posiciones disidentes de dos exmagistrados, por lo que no procedía aceptar argumentos tales como que se habría respetado antigua jurisprudencia institucional.

Por el contrario, la sentencia 337/2022 ha sido la primera de varios pronunciamientos del TC que han ratificado la interpretación detallada previamente. En efecto, así se advierte de la sentencia 205/2024 de 27 de mayo de 2024, recaída en el caso de la tercerización e intermediación laboral del servicio de limpieza pública y

---

[11]   Cfr. https://tc.gob.pe/jurisprudencia/2022/00027-2021-AI.pdf (fundamentos jurídicos 168-240). Consultado el 13.11.2024.

[12]   Cfr. los votos singulares de los ex magistrados del TC Ledesma Narváez y Espinosa-Saldaña Barrera en el siguiente enlace: https://www.tc.gob.pe/jurisprudencia/2021/00018-2021-AI.pdf (pp. 2-57). Consultado el 13.11.2024.

afines en el ámbito municipal[13]; y de la sentencia 193/2024 de 24 de julio de 2024, recaída en el caso de la potestad sancionadora de la Contraloría General de la República II[14].

Incluso, este criterio ha sido invocado nuevamente por el TC en la sentencia 288/2024, publicada el 11 de diciembre de 2024 en su portal institucional, que declaró inconstitucional el incremento ordenado por la Ley 31796 en la asignación económica mensual para el personal del Servicio Militar Acuartelado, que, de otro modo, se hubiese elevado de S/. 256 a S/. 1025.

En esa sentencia, el TC declaró fundada la demanda presentada por el poder Ejecutivo en contra del Congreso atendiendo a que se evidenció el impacto inmediato del incremento de la referida asignación económica en el presupuesto estatal, esto es, dicho incremento se verificaba en el año presupuestal correspondiente, y no se proyectaba para el futuro, con lo cual, el TC persevera en la interpretación de que la creación o incremento presupuestal derivado de una iniciativa legislativa está autorizado a condición de que se dé a partir del segundo año de su aprobación[15].

En este breve recuento de sentencias jurisdiccionales que media entre el 2022 y el 2024 hay, sin embargo, una que escapa a ese razonamiento. Es la sentencia 86/2023 de 14 de marzo de 2023, recaída en el caso Fonavi IV, que proscribió la iniciativa parlamentaria de gasto[16]. Allí se recordó que los instrumentos interna-

---

[13] Cfr. https://www.tc.gob.pe/jurisprudencia/2024/00006-2023-AI.pdf (fundamentos jurídicos 167-169). Consultado el 13.11.2024.

[14] Cfr. https://tc.gob.pe/jurisprudencia/2024/00026-2021-AI.pdf (fundamentos jurídicos 213-244). Consultado el 13.11.2024.

[15] Cfr. fundamento Jurídico 32: "Este Tribunal advierte que la ley impugnada supuso el deber de ejecutar un gasto público de manera inmediata, lo que evidentemente implica un desbalance en el presupuesto previamente establecido para el año fiscal en curso, que se llegó a aprobar a partir del ejercicio coordinado de las competencias conferidas por la Norma Fundamental al Poder Ejecutivo y al Congreso". https://tc.gob.pe/jurisprudencia/2024/00012-2023-AI.pdf Consultado el 15.12.24.

[16] Cfr. https://tc.gob.pe/jurisprudencia/2023/00016-2021-AI.pdf (fundamentos jurídicos 15-61). Consultado el 13.11.2024.

cionales de protección de derechos humanos (como la Convención Americana de Derechos Humanos y el Pacto Internacional de Derechos Económicos, Sociales y Culturales) establecen que el Estado debe promover la satisfacción de derechos económicos, sociales y culturales en la medida de los recursos disponibles de cada Estado.

3.4. Crítica a la sentencia del Tribunal Constitucional

El 23 de mayo de 2024, casi un año y medio después que se publicó la referida sentencia del TC que flexibilizó la iniciativa parlamentaria de gasto, el presidente del BCR, en un evento público, levantó la voz para fustigar al TC por avalar al Congreso en su labor de dictar leyes que generan gastos, y para cuestionar al Congreso por ningunear, en el proceso de aprobación de una ley, las opiniones técnicas que recibe de organismos como el que encabeza[17]. Probablemente, no era el primero en denunciarlo, pero sí el personaje de mayor notoriedad pública que lo hacía.

4.. EFECTOS Y SECUELAS DE LA INTERPRETACIÓN DEL TRIBUNAL CONSTITUCIONAL SOBRE EL GASTO PÚBLICO

4.1. Respecto de la propia Ley 31125

Debe precisarse que, antes de la citada sentencia 337/2022 del Tribunal Constitucional (TC), el Congreso ya había modificado la ley 31125, "Ley que declara en emergencia el Sistema Nacional de Salud y regula su proceso de reforma", a la que hemos denominado en esta entrega como "La causa del lento deterioro de la Constitución económica".

---

[17]   Cfr. https://gestion.pe/economia/velarde-cuestiona-criterio-del-tribunal-constitucional-y-del-congreso-de-la-republica-julio-velarde-bcrp-bcr-noticia/ consultado el 26.05.2024.

En efecto, a través de la ley 31549[18], publicada el 9.8.22, se dispuso que ya no era necesario que el personal de salud de Essalud haya trabajado en condición de suplencia ininterrumpidamente por cinco años para pasar al régimen de contratación laboral a plazo indeterminado, sino que, bastaba con haber sido suplente durante dos años continuos o tres discontinuos, además de exigirse que haya ingresado a Essalud por concurso público. Se mantenía inalterable, eso sí, que ese tránsito era aplicable a quienes mantenían vínculo laboral con la entidad.

Sin embargo, después de la sentencia del TC, el Congreso nuevamente ha modificado la ley 31125, y esta vez, mediante la ley 32179[19] publicada el 4.12.2024, manda lo siguiente:

- Amplía el espectro de quienes pueden ingresar a la planilla estatal. Ya no solo será el *personal de salud* el beneficiario de dicha norma, sino que ahora también será contratado a plazo indeterminado el *personal administrativo* de Essalud, según "precisión" efectuada en la ley.

- Incorpora como beneficiario de la norma al personal que ya no mantiene vínculo laboral con la entidad. Así, se contratará por suplencia a los extrabajadores a quienes no se les renovó, justamente, el contrato de suplencia que tuvieron con Essalud, a condición que hayan ingresado por concurso público, o si, independientemente de su modo de acceso, estaban como suplentes por dos años continuos o tres discontinuos y la no-renovación ocurrió antes de la ley 31549.

Como puede apreciarse, el Congreso continúa otorgando beneficios de índole económica a servidores públicos.

---

[18]   Cfr. https://busquedas.elperuano.pe/dispositivo/NL/2093705-1 consultado el 31.12.2024.
[19]   Cfr. https://busquedas.elperuano.pe/dispositivo/NL/2350706-1 consultado el 31.12.2024.

4.2. La creación de universidades públicas y el aumento del gasto público

Un ámbito en el que, luego de la interpretación del TC, el Congreso ha incidido en la creación o aumento del gasto público, es la educación universitaria. El año 2024, mediante las Leyes N° 31995[20] (publicada el 2.4.24), 31997[21] y 31998 [22](10.4.24), 32011[23] (26.4.24), 32020[24] (10.5.24), 32060[25] (15.6.24), 32072[26] y 32074[27] (25.6.24), 32075[28] (15.6.24), 32090[29] (04.07.24)[30], 32162[31] (12.11.24) y la reciente 32175[32] (30.11.2024), el Congreso ha creado doce universidades públicas en diversas regiones del Perú, como Cajamarca, Puno, Ica, Junín, Cusco, Piura y Lima, destacando que las ocho primeras constituyen pliego presupuestal según la ley 32149 (31.10.24)[33].

---

[20]   Cfr. https://busquedas.elperuano.pe/dispositivo/NL/2275330-2 consultado el 2.12.2024.

[21]   Cfr. https://busquedas.elperuano.pe/dispositivo/NL/2278392-1 consultado el 2.12.2024.

[22]   Cfr. https://busquedas.elperuano.pe/dispositivo/NL/2278392-2 consultado el 2.12.2024.

[23]   Cfr. https://busquedas.elperuano.pe/dispositivo/NL/2283394-1 consultado el 2.12.2024.

[24]   Cfr. https://busquedas.elperuano.pe/dispositivo/NL/2287745-1 consultado el 2.12.2024.

[25]   Cfr. https://busquedas.elperuano.pe/dispositivo/NL/2298247-1 consultado el 2.12.2024.

[26]   Cfr. https://busquedas.elperuano.pe/dispositivo/NL/2300602-3 consultado el 2.12.2024.

[27]   Cfr.   https://wb2server.congreso.gob.pe/spley-portal-service/archivo/MTk5ODQw/pdf consultado el 2.12.2024.

[28]   Cfr. https://busquedas.elperuano.pe/dispositivo/NL/2300602-6 consultado el 2.12.2024.

[29]   Cfr. https://busquedas.elperuano.pe/dispositivo/NL/2304047-1 consultado el 2.12.2024.

[30]   Cfr. https://busquedas.elperuano.pe/dispositivo/NL/2304047-1 consultado el 2.12.2024.

[31]   Cfr. https://busquedas.elperuano.pe/dispositivo/NL/2343203-4 consultado el 2.12.2024.

[32]   Cfr. https://busquedas.elperuano.pe/dispositivo/NL/2349661-2 consultado el 2.12.24.

[33]   Cfr. https://busquedas.elperuano.pe/dispositivo/NL/2339816-2 consultado el 2.12.24.

Como era de esperarse, el Congreso se vale explícitamente de la interpretación del TC a la que hemos aludido para la creación de tales universidades, como puede apreciarse, a modo de ejemplo, en la exposición de motivos de la Comisión de Educación, Juventud y Deporte del Congreso, que recayeron en lo que luego serían las leyes 32060[34], 32072[35] y 32175[36].

Precisamente, en esta última ley, llama la atención que ni el ministerio de Economía y Finanzas, ni el ministerio de Educación hayan emitido opinión sobre el proyecto de ley que luego daría lugar a dicha ley. Y ello no obedece solamente a una razón de conveniencia, sino a una razón legal: la Ley Universitaria, Ley 32220, en su artículo 26, establece que los proyectos de ley de creación de universidades públicas deben contar con opinión técnica favorable de ambos ministerios[37].

Pese al silencio de los ministerios llamados a pronunciarse por ley, el Poder Ejecutivo promulgó esa ley, como casi todo el resto de las otras diez. Las únicas excepciones se dieron respecto de las leyes 31995 y 32060, las que fueron observadas. Ahora bien, el instituto peruano *Pulso Fiscal* ha calculado que la creación de las primeras ocho universidades públicas irrogará al Estado un gasto aproximado de USD 4 millones, gasto que, si bien no se podrá realizar en el año fiscal 2024, sí se podrá ejecutar a partir del 2025, conforme a la interpretación del TC.

Dicho instituto ha recordado también que, en el período que va de 2015 a 2023, se crearon siete universidades públicas, lo que con-

---

[34] Cfr.   https://wb2server.congreso.gob.pe/spley-portal-service/archivo/MTk0NjYYy/pdf (páginas 8 a 10). consulta realizada el 2.12.24.
[35] Cfr.   https://wb2server.congreso.gob.pe/spley-portal-service/archivo/MTgyNDIx/pdf (páginas 11 y 12). consulta realizada el 2.12.24.
[36] Cfr.   https://wb2server.congreso.gob.pe/spley-portal-service/archivo/MTk2MTE0/pdf (páginas 39 y 40). consulta realizada el 2.12.24.
[37] Cfr.https://wb2server.congreso.gob.pe/spley-portal-service/archivo/MTk2MTE0/pdf (páginas 4 y 21). consulta realizada el 2.12.24.

trasta con las diez que se van creando solo en el 2024[38]. Sin embargo, a las doce universidades públicas se pueden añadir tres más (en las regiones de Puno, La Libertad y Áncash), cuya ley de creación está pendiente de ser promulgada por la presidenta de la República[39], y 21 adicionales (en las regiones de Amazonas, Apurímac, Arequipa, Ayacucho, Cusco, Huancavelica, Ica, Junín, Lambayeque, Lima, Moquegua, Puno, San Martín, La Libertad y Ucayali).

En el caso de las 21 universidades públicas, su creación ha sido aprobada en primera votación por el Congreso de la República en la sesión del 14.12.2024[40], estando pendiente su segunda y definitiva votación, conforme a lo previsto en los artículos 73 y 78 del Reglamento del Congreso[41], para luego remitirse a la presidenta de la República para su promulgación, observación o abstención.

Llegado ese momento, la presidenta debería observarla, pues como informan los medios de comunicación[42], dichas leyes, pese a que irrogan gasto, no han sido revisadas por la Comisión de Presupuesto y Cuenta General de la República del propio Congreso, lo que, a criterio del Tribunal Constitucional, en reciente sentencia, sería inconstitucional[43].

---

[38]   Cfr.https://gestion.pe/economia/peru-rompe-record-de-creacion-de-univer-sidades-pero-con-problemas-de-presupuesto-inversion-publica-deficit-presupuesto-2025-calidad-universitaria-sunedu-noticia/ consulta realizada el 2.12.24.

[39]   Cfr. https://larepublica.pe/sociedad/2024/12/13/este-congreso-ha-creado-14-universidades-publicas-y-esta-a-punto-de-aprobar-24-mas-520780. Consultado el 15.12.2024.

[40]   Cfr. https://comunicaciones.congreso.gob.pe/noticias/aprueban-la-crea-cion-de-universidades-nacionales-en-varios-departamentos-del-pais/ Consultado el 15.12.2024.

[41]   Cfr. Art. 73 del Reglamento del Congreso.- El procedimiento legislativo se desa-rrolla por lo menos en las siguientes etapas: (…) e) Aprobación por doble votación (…); Art. 78 del Reglamento del Congreso.- (…) La segunda votación a que se refiere el inciso e) del artículo 73 deberá efectuarse transcurridos siete (7) días calendario como mínimo. Esta segunda votación será a totalidad y con debate (…).

[42]   Cfr. https://www.infobae.com/peru/2024/12/14/congreso-aprueba-la-crea-cion-de-20-universidades-nacionales-sin-recursos-ni-calidad-garantizada/Consultado el 15.12.2024.

[43]   https://tc.gob.pe/jurisprudencia/2024/00012-2023-AI.pdf (fundamentos jurí-dicos 34 y 36). Consultado el 15.12.2024.

En esa misma dirección, se inclina el gremio de empresarios vinculados con la educación. Así, en reciente pronunciamiento, IPAE Acción Empresarial rechaza "rotundamente" la creación indiscriminada de 21 universidades públicas, y califican dicha medida como una de corte populista, que juega con las expectativas de la población[44].

4.3. Incrementos remunerativos actuales y futuros

El Congreso promulgó, el 6.6.24, la ley 32044, que aprueba el incremento de la propina de las promotoras educativas comunitarias de los programas no escolarizados de educación inicial - PRONOEI del ciclo I y II; y el 31.10.24, se ha publicado la ley 32148 que garantiza el incremento de la remuneración de docentes de diversas instituciones públicas.

¿Y cuál fue la reacción del poder ejecutivo? Se abstuvo de promulgar la ley 32044 y promulgó la ley 32148, lo que permite colegir que, en esta última mejora salarial, el ministerio de Economía y Finanzas, y el gobierno en general, estuvo de acuerdo. Pero eso no queda ahí, el 20.11.24, el pleno del Congreso aprobó un proyecto de ley que dispone la actualización de la escala remunerativa de 21 proyectos especiales del Ministerio de Desarrollo Agrario y Riego (Midagri). Está pendiente conocer si la presidenta de la República promulga, observa la ley o se abstiene.

5. REFORMA CONSTITUCIONAL SOBRE EL BANCO CENTRAL DE RESERVA

Como hemos anotado previamente, fue el presidente del BCR quien alertó sobre el riesgo que se cierne sobre el país como fruto de la indisciplina fiscal a la que conduce diversas iniciativas legislativas que, lamentablemente, han sido avaladas por el TC, y que

---

[44]   Cfr. https://www.ipae.pe/pronunciamiento-rechazamos-la-creacion-indiscriminada-de-mas-universidades-publicas/ consultada el 30.12.2024.

lleva a una expansión del gasto público que puede comprometer a las futuras generaciones.

Pues bien, mediante Ley 31988, publicada el 20 de marzo del 2024, se han aprobado más de 50 reformas a la Constitución, a fin de restablecer la bicameralidad como forma de organización del Congreso[45], siendo los cambios más frecuentes aquellos que se restringen a identificar cuál de las dos cámaras (senadores o diputados) será la competente para ejecutar determinada medida. Así, por ejemplo, las competencias políticas, como la moción de interpelación o censura de un ministro, estarán a cargo de la cámara de los diputados, mientras que la facultad de nombrar a altos funcionarios del Estado, como magistrados del TC, defensor del Pueblo o presidente del BCR, estará a cargo de la cámara de los senadores.

Sin embargo, las reformas aprobadas no se constriñen a precisar la cámara competente con relación a determinada acción, sino que, también, ha abordado diversos asuntos que van más allá de la bicameralidad del Congreso, siendo uno de ellos relacionado con el BCR.

5.1. ¿Cómo se regula ahora el nombramiento y cese del presidente y directores del BCR?

El BCR es gobernado por un Directorio de siete miembros, de los cuales tres provienen del Congreso y cuatro, del Ejecutivo (tres en forma directa, y uno, el presidente, que es designado por el presidente de la República y ratificado por el Congreso de la República).

El texto vigente del artículo 86 de la Constitución Política señala, en su parte pertinente, que los miembros del directorio del BCR, entre ellos su presidente, pueden ser removidos por el Congreso si cometen falta grave. A saber: "El Banco es gobernado por un Directorio de siete miembros. El Poder Ejecutivo designa a cua-

---

[45]   Cfr. https://busquedas.elperuano.pe/dispositivo/NL/2272076-2 consultada el 31.12.2024.

tro, entre ellos al presidente (…) El Congreso puede removerlos por falta grave (…)".

Por su parte, el artículo 93 del Reglamento del Congreso enfatiza, en su parte pertinente, que este poder del Estado puede remover al presidente del BCR si se cumplen las causales previstas en la ley orgánica correspondiente. Así, dispone que: "El Congreso, a través de la Comisión Permanente, (…) ratifica la designación del presidente del Banco Central de Reserva, a quien puede remover, (…) observando las condiciones señaladas en la Constitución Política y las leyes orgánicas de las respectivas instituciones públicas, así como el procedimiento determinado en los reglamentos especiales que apruebe el Congreso (…).

A su vez, la ley orgánica del BCR, aprobada por Decreto Ley 26123 durante el gobierno del ex presidente Alberto Fujimori a fines de 1992, insiste en que el Congreso puede remover a los directores del BCR por falta grave (artículo 9), lo que determinaría su vacancia en el cargo (artículo 17, inciso g), y añade que "sólo pueden ser removidos por la comisión de delito o de falta grave" (artículo 20), estableciendo que "constituye falta grave la aprobación de políticas o disposiciones que contravienen lo establecido en el Capítulo Segundo del Título III" de dicha ley (artículo 21).

De hecho, se considera falta grave a inconductas tales como "conceder financiamiento al Tesoro Público", "otorgar créditos a instituciones financieras que tengan para con el BCR obligaciones vencidas y no pagadas", entre otras causales detalladas en los artículos que van del 77 al 85 de la mencionada ley orgánica del BCR[46]. Asimismo, el artículo 20 de la ley orgánica del BCR fija el número de votos requeridos para concretar dicha remoción, de modo tal que, a la fecha, se requeriría el voto favorable de 87 congresistas, y se fija también el procedimiento que se seguiría

---

[46]   Un resumen de las faltas graves que están legisladas se puede encontrar en la respuesta a la pregunta 3 en el enlace visitado el 31.12.2024: https://www.bcrp.gob.pe/sobre-el-bcrp/preguntas-frecuentes.html

para removerlos, el mismo que garantiza el derecho de defensa del director del BCR.

Así, se establece que: "El acuerdo de remoción debe ser adoptado por una mayoría de dos tercios del número legal de legisladores y ser necesariamente precedido por una investigación, dentro de la cual se otorgue al director un plazo no menor de diez días para presentar sus descargos y la facultad de realizar su defensa oral ante el pleno del Poder Legislativo (...)".

5.2. Flexibilización de votos para remover al presidente del BCR

Con la citada reforma constitucional, la misma que empezará a regir con las próximas elecciones generales programadas para abril del 2026, se ha reducido la proporción de votos exigida para remover al presidente o a cualquier otro director del BCR. En efecto, con el texto del artículo 86 de la Constitución Política de próxima vigencia se reduce de "dos tercios" (*hoy, 87 de 130 congresistas*) a la "mayoría absoluta" del número legal de senadores (*en un futuro próximo, 31 de 60 senadores*) la proporción para removerlos.

En dicho texto se indica que: "El Banco Central de Reserva es gobernado por un Directorio de siete miembros. El Poder Ejecutivo designa a cuatro, entre ellos al presidente. El Senado ratifica a éste y elige a los tres restantes con la mayoría absoluta del número legal de sus miembros. (...) El Senado puede removerlos por falta grave con igual votación (...).

Más allá de que una reforma constitucional como esta no ha merecido de mayor deliberación ni exposición a la ciudadanía por parte del Congreso, lo que de por sí es altamente inconveniente, preocupa que, en un futuro próximo, será más fácil desprenderse del presidente del BCR o de cualquier director que resulte incómodo al Congreso, lo que puede implicar un acto de arbitrariedad que debe ser rechazado.

6. ¿Existe un entorno favorable a la Constitución económica?

El Instituto de Estudios Peruanos (IEP) realizó una encuesta, a nivel nacional, del 7 al 12 de enero de 2023. Allí se midió la opinión pública en diversos temas, siendo uno de ellos, el económico. Así tenemos que un contundente 74% se opone a que las empresas privadas puedan contratar y despedir empleados con mayor facilidad, en tanto que solo un 20% está de acuerdo; y que, para el 51% de encuestados, el Estado debe ser dueño de las principales empresas e industrias del país, porcentaje superior al 43% que respondieron negativamente[47].

En el primer caso, se advierte una abrumadora la mayoría a favor de una mayor rigidez laboral, posición que se aleja del artículo 27 de la Constitución vigente de 1993 ("La ley otorga al trabajador adecuada protección contra el despido arbitrario"), y más bien se acerca a la derogada Constitución de 1979, en cuyo artículo 48° se estableció que "el Estado reconoce el derecho de estabilidad en el trabajo. El trabajador solo puede ser despedido por causa justa, señalada en la ley y debidamente comprobada".

Más allá de que llame la atención que esta oposición a la flexibilización laboral se dé en un país en el que el 71,2% se ubique en la informalidad laboral[48] –y por lo tanto es ajena a los beneficios que otorga la formalidad en el empleo- es macizo el resultado: los peruanos temen más el "despido fácil" que los beneficios provenientes del "contrato fácil".

En el segundo caso, en cambio, es ligero el predominio (51% versus 43%) de quienes añoran que el Estado ejerza actividad empresarial, quizá nostálgicos de épocas pasadas como la que caracterizó a la dictadura militar que gobernó el país de 1968 a 1980 y que generó la creación indiscriminada de empresas públicas.

---

[47]   Cfr.   https://iep.org.pe/wp-content/uploads/2023/01/Informe-IEP-OP-Enero-I-2023.-Informe-completo-version-final.pdf   página 63-66.   Consultada el 30.12.2024.
[48]   Cfr. https://cdn.www.gob.pe/uploads/document/file/6653196/5783668-ite-2024-t1.pdf, página iv. Consultada el 30.12.2024.

Este dato parece consistente con una encuesta nacional de Ipsos-Perú realizada en junio de 2024, y que informa que, para un 52,4%, el dictador Juan Velasco Alvarado -que encabezó la primera parte del autodenominado gobierno revolucionario de las fuerzas armadas (1968-1975)- es uno de los mejores presidentes que ha tenido el Perú[49].

Sin embargo, como decíamos anteriormente, hay una sólida minoría que se ha identificado con el principio de subsidiariedad establecido en el artículo 60 de la Constitución que, en su parte pertinente, reza: "(...) Solo autorizado por ley expresa, el Estado puede realizar subsidiariamente actividad empresarial, directa o indirecta, por razón de alto interés público o de manifiesta conveniencia nacional". Esta percepción que data de inicios del 2023 pudiese ser que haya cambiado a la fecha, a la luz de la deficiente performance de Petróleos del Perú - Petroperú, empresa estatal que, desde el 2013, le ha costado al país un aproximado de USD 5,300 millones, según un estudio del Instituto Peruano de Economía (IPE)[50].

Una nueva encuesta de IPSOS-Perú, de junio de 2024, arroja un 59% de peruanos críticos con el desempeño de Petroperú. Así, para el 21%, dicha empresa debiera ser liquidada, en tanto que para un 19% bastaría con que se venda uno de sus principales activos, y para otro 19% debería privatizarse integralmente.

Por su parte, un 28% la apoya incondicionalmente, desde un 15% que le otorga primacía sobre otras responsabilidades estatales, hasta un 13% que defiende que siga recibiendo préstamos del Estado aun sabiendo que podrían ser incobrables[51]. Las cifras exhibidas en

[49] Cfr. https://elcomercio.pe/opinion/columnistas/alberto-fujimori-juan-velasco-alvarado-pedro-castillo-keiko-fujimori-antauro-humala-los-dos-chinos-por-carlos-melendez-noticia/#google_vignette consultado el 30.12.2024.

[50] Cfr. https://elcomercio.pe/opinion/editorial/petro-peru-el-gobierno-no-encuentra-reemplazantes-para-el-saliente-directorio-debido-a-su-propia-ineptitud-noticia/ Consultado el 30.12.2024.

[51] Cfr. https://peru21.pe/economia/mayoria-cree-que-petroperu-debe-ser-liquidada-noticia/ Consultado el 30.12.2024.

este apartado demuestran que estamos ante un escenario incierto, que está abierto a defender posiciones coincidentes con la Constitución económica o adversas a ella.

7. Una probable solución que ofrece la jurisprudencia del Tribunal Constitucional

El TC, dentro de su abundante jurisprudencia, ofrece una solución a este deterioro progresivo que se viene perpetrando en contra de la Constitución económica peruana, y tiene que ver con una antigua sentencia que determinó que los principios generales del capítulo económico de la Constitución son intangibles de cara a una reforma parcial de esta que provenga del Congreso, lo que permitiría consolidar el equilibrio económico que pregona la Constitución y, consecuentemente, descartar iniciativas que, so pretexto de satisfacer expectativas inmediatistas, amenazan el bienestar de las futuras generaciones. Sin embargo, para sustentar esta afirmación, urge remontarnos a desarrollar algunos conceptos previos.

7.1. Las cláusulas pétreas o núcleo duro de la Constitución

Como se sabe, existen determinados postulados de la Constitución que son inalterables, debido a que la definen como tal o, dicho en palabras del TC, son "parámetros de identidad que no deben ser modificados pues implicaría la ´destrucción´ de ella", de ahí que constituyan límites al Congreso cuando pretenda reformar la Constitución.

Esos límites pueden ser procedimentales (la reforma constitucional solo admite dos modalidades: votación con mayoría simple del número legal de miembros del Congreso sumada a la mayoría proveniente de un referéndum que la ratifique, y votación con mayoría calificada de 2/3 del número legal de miembros del Congreso en dos legislaturas ordinarias sucesivas) o materiales (vinculados con el fondo del asunto). Y en este último caso, pueden ser expresos o implícitos[52].

Según el TC, que es el intérprete supremo de la Constitución, según el artículo 1° de su Ley Orgánica (Ley 28301), el único límite expreso para la reforma parcial de la Constitución radica en la prohibición de suprimir o disminuir el ámbito de protección de los derechos fundamentales, prevista en el segundo párrafo del artículo 32 de la Constitución[53].

Esa unanimidad, empero, no se detecta cuando se trata de precisar los límites implícitos a la reforma parcial de la Constitución. La actual composición del TC, por ejemplo, ha pasado de una enumeración ampulosa de los asuntos concernidos[54] a una más escueta[55]. En efecto, en la primera de ellas detalló como límites materiales explícitos de reforma parcial de la Constitución a: "la dignidad de la persona humana, los derechos fundamentales, la soberanía popular, el Estado democrático de Derecho, el sistema democrático de gobierno, la forma republicana de gobierno, el régimen representativo, el principio de alternancia del gobierno, la separación de poderes, el régimen político y la forma de Estado". En cambio, en la segunda, se indicó que, son "las nociones de soberanía popular, separación de poderes, dignidad humana y derechos fundamentales".

Nótese que en ninguno de los pronunciamientos reseñados se ha aludido al capítulo económico de la Constitución, lo que nos lleva a preguntar ¿si, a lo largo de la jurisprudencia del TC encontramos alguna sentencia sobre si dicho capítulo (o una parte de él) es inmune a reformas constitucionales parciales?

---

[52]   Artículo 206° de la Constitución.
[53]   https://www.tc.gob.pe/jurisprudencia/2003/00014-2002-AI.html, fundamentos jurídicos 95 al 97. Consultado el 31.12.2024.
[54]   https://tc.gob.pe/jurisprudencia/2023/00001-2023-AI.pdf, fundamento jurídico 34. Consultado el 31.12.2024.
[55]   https://tc.gob.pe/jurisprudencia/2022/00001-2022-AI.pdf, fundamento jurídico 66. Consultado el 31.12.2024.

7.2. ¿El capítulo económico forma parte del núcleo duro de la Constitución?

El TC post-Fujimori determinó, de manera genérica, que el núcleo duro de la Constitución estaba constituido por "los principios y presupuestos básicos de la organización política, económica y social"[56]. Para entender en su justa dimensión esta afirmación del TC, habría que recordar la estructura del régimen económico contenido en el título III de la Constitución que se desdobla en seis capítulos: I. principios generales, II. del ambiente y los recursos naturales, III. de la propiedad, IV. del régimen tributario y presupuestal, V. de la moneda y la banca, VI. del régimen agrario y de las comunidades campesinas y nativas.

Es decir que, cuando el TC interpretó que el núcleo duro de la Constitución estaba constituido por los principios y presupuestos básicos de la organización económica, lo que nos estaba señalando, presumiblemente, es que el capítulo I de la Constitución económica relacionado a los principios generales, que van del artículo 58 al 65, forman parte del núcleo duro. Esto es: los principios de subsidiariedad, libre competencia, inalterabilidad de los contratos, igualdad de inversión nacional y extranjera, tenencia de moneda extranjera, entre otros principios generales.

Pocos años después, otra composición del TC introdujo un matiz a esta interpretación, pues si bien insistió en concebir al régimen económico dentro de las cláusulas pétreas de la Constitución, restringió significativamente su alcance al modelo de economía social de mercado, como veremos a continuación. El TC del 2005 concluyó que "el Congreso de la República no puede hacer uso de la reforma constitucional para (...) modificar la Constitución económica (...), a tenor de los artículos (...) 58 de la Constitución[57]".

---

[56]   Cfr. https://www.tc.gob.pe/jurisprudencia/2003/00014-2002-AI.html, fundamento jurídico 123. Consultado el 31.12.2024.

[57]   Cfr. https://tc.gob.pe/jurisprudencia/2005/00050-2004-AI%20Resolucion.pdf, fundamento jurídico 35. Consultada el 31.12.2024.

Aquí el TC redujo los aspectos económicos que forman parte del "núcleo irreformable" de la Constitución a su artículo 58, que prescribe lo siguiente: "La iniciativa privada es libre. Se ejerce en una economía social de mercado. Bajo este régimen, el Estado orienta el desarrollo del país, y actúa principalmente en las áreas de promoción de empleo, salud, educación, seguridad, servicios públicos e infraestructura".

7.3. Posición de la actual composición del Tribunal Constitucional

Si bien es cierto que, como se mencionó anteriormente, el actual TC no ha incluido el aspecto económico dentro de las cláusulas pétreas (aunque tampoco ha motivado las razones por las cuales se aleja de la doctrina jurisprudencial establecida por sus predecesores), destaco un fundamento de voto del magistrado Ochoa Cardich que aborda esta materia[58].

Allí, señala que: "(…) asumo que el principio estructural de la economía social de mercado, previsto en el artículo 58 es un contenido de la estructura básica de la Constitución, tal como la definición de Estado social de derecho, prevista en el artículo 43, no así todo el articulado del Título III del Régimen Económico, que desarrolla sus componentes -como son las libertades económicas- que puede ser objeto de reforma constitucional para armonizarlos con el principio estructural del Estado social de derecho (…)".

Este parecer es inequívoco en respaldar el criterio que el núcleo duro estaría definido por la economía social de mercado, y en rechazar que se extendería a los seis capítulos que integran el título III de la Constitución, sin embargo, no se pronuncia por la opción intermedia a la que, a mi juicio, conduce la sentencia recaída en el 00014-2002-

---

[58]   Cfr. https://tc.gob.pe/jurisprudencia/2023/00001-2023-AI.pdf FUNDAMENTO DE VOTO DEL MAGISTRADO OCHOA CARDICH, fundamento 33, consultado el 31.12.2024.

AI/TC referida *supra*, esto es, que el núcleo duro está conformado por los principios generales del régimen económico de la Constitución de 1993, aunque es válido concluir que también la rechazaría en la medida que se decanta por una interpretación restrictiva.

Otro aspecto para preguntarse es si un rasgo de identidad de la Constitución de 1993 es la economía social de mercado, como se desprende de la citada sentencia 00050-2004-PI/TC y del referido fundamento de voto. Y parecería que no lo es, pues la derogada Constitución de 1979, en su artículo 115[059], también establecía que la economía social de mercado era el modelo económico en el que se basaba la Constitución.

Lo que distingue a ambas Constituciones son los componentes de lo que se ha entendido por economía social de mercado. Así, es recién con la Constitución de 1993 que se introdujeron conceptos tales como subsidiariedad o la inalterabilidad de los contratos, entre otros.

En definitiva, la actual composición del TC tiene la oportunidad de pronunciarse al respecto, siendo que una de las opciones que tiene es reivindicar la Sentencia 00014-2002-AI/TC, fundamento 123, tal como se ha indicado, lo cual le debería llevar a morigerar la interpretación desarrollada ampliamente en esta entrega consistente en que el Congreso está facultado a aprobar iniciativas legislativas que creen o aumenten gasto público a partir del segundo año de su aprobación.

8. Conclusiones

• La interpretación a la que ha arribado el Tribunal Constitucional (TC) sobre los alcances del artículo 79° de la Constitución, en el sentido de que autoriza la creación o aumento del gasto público por parte del Congreso de la República, a condición de que dicho gasto se ejecute a partir

---

[59]   Cfr. Art. 151 de la Constitución de 1979.- La iniciativa privada es libre. Se ejerce en una economía social de mercado. El Estado estimula y reglamento su ejercicio para armonizarlo con el interés social.

del segundo año de su aprobación, ha contribuido involuntariamente a que el Perú presente, por segundo año consecutivo, déficit fiscal.

- Asimismo, ha empoderado iniciativas legislativas que provocan gasto público que carece de sustento y, en el específico caso de la creación indiscriminada de universidades públicas, no cuentan con el aval técnico de los ministerios de economía y finanzas, y de educación que, según ley, son los llamados a pronunciarse.

- El presidente del Banco Central de Reserva, quien ha sido crítico tanto de leyes del Congreso que crean o aumentan gasto público, como de sentencias del TC que las han declarado constitucionales, tendrá, a partir de las próximas elecciones generales previstas para el año 2026, un estatuto que facilita su remoción del cargo, pues se han reducido los votos necesarios para ello.

- La opinión pública es ligeramente favorable a que el Estado ejerza actividad empresarial, no obstante, los resultados negativos que presenten las empresas públicas; y abiertamente reacia a facilitar el despido de trabajadores.

- La actual composición del Tribunal Constitucional aún no se ha pronunciado respecto de si los principios generales contenidos en el título III de la Constitución de 1993 constituyen un parámetro de identidad de esta. Si así lo hiciera, siguiendo un pronunciamiento de dicho ente dado el año 2002, se modificaría la interpretación realizada respecto del citado artículo 79° de la Constitución.

NEGOCIACIÓN COMO HERRAMIENTA PARA CONSTRUIR CONFIANZA Y RESOLVER CONFLICTOS: CONCEPTOS, ENFOQUES, Y MARCOS REFERENCIALES

Samuel Rodríguez González
Doctorando
Programa de Doctorado en Ciencias Sociales y Jurídicas
Universidad Rey Juan Carlos

1. Introducción

En las relaciones humanas, los conflictos, las diferencias y las desavenencias son normales y cotidianos. Los autores Ed Tronick y Claudia Gold argumentan en su libro *El poder del conflicto* que "el conflicto no solo es saludable, sino que es esencial para el crecimiento y el cambio"[1]. Este abordaje presenta un nuevo paradigma en cuanto a la percepción del concepto conflicto, pues muchas veces se asume como algo negativo y que se debe evitar.

Sobre esto, los autores profundizan argumentando que tener conflictos, gestionarlos, pasar por ese desorden que generan los mismos, no solo es normal, sino que además es esencial a la naturaleza humana, pues "es la forma en la que crecemos y nos desarrollamos en las relaciones… Esto podría parecer contrario a la lógica, ya que se pensaría que, en las relaciones sanas, no hay lugar para

---

[1]   TRONICK, Ed & GOLD, Claudia: *El poder del conflicto*. Ciudad de México. 2021, p. 38.

las diferencias. ¿No deberían dos personas, en una buena relación, llevarse bien siempre?"[2].

En ese sentido, nos enfocaremos en la negociación como mecanismo para resolver conflictos, para pasar de lo que los autores llaman la etapa de *desencuentro* a la etapa de *reparación*[3]. Es decir, del problema a la solución. Hal Movius, consultor de negociación, psicólogo y experto en inteligencia emocional, explica que aun cuando el conflicto es algo cotidiano y no podemos escapar de él, manejar conflictos tiende a ser un tema que genera estrés en buena parte de las personas. Según Movius, "el conflicto, o la posibilidad de que el mismo exista, puede secuestrar nuestros pensamientos y sentimientos durante horas, días y, a veces, más tiempo"[4]. Para Movius, esta sensación le puede pasar incluso a los más experimentados y poderosos actores en procesos complejos. Por lo tanto, dado que el conflicto es algo que ocurre de forma permanente, que se puede eliminar, y que genera cierto grade de angustia e incomodidad, nos enfocaremos en la negociación como herramienta para el manejo eficiente de los conflictos. Para ello, se unificarán criterios para definir el concepto de negociación, se investigará sobre los diferentes enfoques y sus evoluciones a lo largo de las últimas décadas, y se analizarán diferentes modelos y metodologías que nos permitan diseñar un marco referencial que se pueda aplicar a casos de estudio.

Nuestro objetivo es poder identificar cómo la negociación puede servir como instrumento no solo para resolver conflictos en términos generales sino, particularmente, para construir confianza en entornos de alta complejidad y conflictividad. Es por ello por lo que es clave identificar las herramientas que se pueden usar, así como las motivaciones que impulsan a las personas a decidir hacer algo para cambiar el contexto de conflictividad en el que se desenvuelven.

Y decimos que es clave identificar estas herramientas porque la negociación es un aspecto que podemos aprender, mejorar y desa-

---

[2]   *Ibidem,* p. 44.
[3]   *Ibidem,* p. 47: "Necesitamos el desencuentro porque sin él no podemos experimentar la reparación".
[4]   MOVIUS, Hal: *Resolve. Negotiating life's conflicts with greater confidence.* Charlottesville. 2017, p. 1.

rrollar a lo largo de nuestras vidas. En *El negociador genial,* Deepak Malhotra & Max Bazerman profesores de Harvard Business School y del Program on Negotiation at Harvard Law School (PON), explican que los grandes negociadores, "los genios", no necesariamente lo son porque hayan nacido así. "Antes bien, lo que parece genio en realidad refleja una preparación cuidadosa, la comprensión del marco conceptual de la negociación, la percepción de cómo se pueden evitar los errores y sesgos que acosan incluso a los negociadores experimentados, y la habilidad para estructurar y ejecutar negociaciones de forma estratégica y sistemática"[5].

Adicionalmente, hay una razón de peso por la que consideramos que la negociación es un tema que se puede aprender, mejorar y desarrollar. Las buenas prácticas de negociación ya las conocemos todos. Lo que necesitamos es concientizarlas, practicarlas y utilizarlas de forma estratégica. En *¡Sí... ¡de acuerdo!,* probablemente uno de los libros de negociación más famosos a nivel mundial, y el cual será una constante fuente durante esta investigación, los autores escriben:

> "... No hay nada en el libro que usted ya no supiera en algún grado de su experiencia. Lo que hemos tratado de hacer es organizar el sentido común y la experiencia de manera que provean marco de referencia útil para pensar y actuar... Cuando le enseñamos este método a abogados hábiles y a hombres de negocios con años de experiencia, nos han dicho: 'Ahora sé lo que he estado haciendo, y por qué funciona' y 'Sabía que lo que usted estaba diciendo era correcto porque yo ya lo sabía".[6]

Es por ello por lo que en este capítulo nos enfocaremos en profundizar sobre estas herramientas y su aplicabilidad en entornos altamente conflictivos, así como en la importancia del manejo del proceso en sí, incluyendo la etapa de preparación, para construir marcos referenciales que se puedan aplicar en casos de estudio.

---

[5]   MALHOTRA, Deepak & BAZERMAN, Max: *El negociador genial.* Barcelona. 2013, p. 15.

[6]   FISHER, Roger; URY, William L; & PATTON, Bruce: *Sí... ¡de acuerdo! Cómo negociar sin ceder.* Bogotá. 1995, p. 169.

2. Definición de conceptos de negociación

Definiciones de negociación hay muchas. De hecho, diferentes personas pueden llegar a entender diferentes cosas cuando se menciona la palabra negociación. Incluso, la negociación, como concepto en sí, en ocasiones conlleva una connotación negativa en ciertos ámbitos y contextos. También hay muchos paradigmas en cuanto al concepto de negociación y, en ocasiones, se le asignan límites. Para algunas personas la negociación no es más que una interacción comercial (compra/venta de algún producto, bien o servicio), contractual/legal (que solo lo hacen abogados) o política/diplomática (que solo hacen funcionarios en representación de organismos internaciones o países). En su libro *Supere el no*, William Ury, co-autor junto a Roger Fisher y Bruce Patton de *Sí... ¡de acuerdo!*, describe que "la negociación no se limita a la actividad de sentarse formalmente a una mesa, uno frente a otro, a discutir un asunto contencioso: es una actividad sin ceremonia ni protocolo en que usted se empeña cuanto trata de conseguir algo que necesita o desea de otra persona"[7].

En ocasiones, también se asume que la negociación se da solo cuando hay acuerdos. De hecho, en procesos en la que las partes han tratado de resolver un problema y no logran hacerlo, algunas personas afirman que no hubo negociación, cuando en realidad lo que no hubo fue un acuerdo. Es decir, la negociación es un proceso en el que puede llegarse o no a un acuerdo. Sin embargo, la negociación va mucho más allá de lo planteado en los párrafos anteriores. En términos simples y sencillos, una negociación sucede cada vez que tenemos que intentar ponernos de acuerdo con alguien sobre algo. De allí la afirmación con la que comienza la introducción de *Sí... ¡de acuerdo!*: "Gústele o no, usted es un negociador. La negociación es una realidad de la vida"[8].

En ese sentido, y volviendo al inicio de este apartado, hay múltiples maneras de definir una negociación. Como veremos a continuación, en el ámbito académico hay un cierto consenso en cuanto

---

[7]   URY, William: *Supere el no*. Barcelona, 2012, p. 23.
[8]   FISHER, Roger; URY, William L; & PATTON, Bruce: *Sí... ¡de acuerdo! Cómo negociar sin ceder...*, p. XVII.

a la definición del concepto de negociación, entendiendo que es un proceso interactivo en el que las partes involucradas buscan resolver una situación. A continuación, algunas de las principales que hemos recopilado a lo largo de nuestra investigación: "Un proceso de comunicación mediante el cual dos o más personas buscan promover sus intereses individuales mediante una acción conjunta"[9].

"La negociación es un proceso mediante el cual personas con distintos puntos de vista y objetivos se comunican voluntariamente entre sí para intentar llegar a un acuerdo que satisfaga las necesidades más importantes de ambas partes"[10]. "Un medio básico para lograr lo que queremos de otros. Es una comunicación de doble vía para llegar a un acuerdo cuando usted y otra persona comparten algunos intereses en común, pero que también tienen algunos intereses opuestos"[11].

Es decir, la negociación es el proceso que utilizamos para llegar a un acuerdo (no el acuerdo en sí) cuando hay unos intereses (necesidades, motivaciones) que nos impulsan a buscar a alguien para resolverlos. Por esta razón, también se entiende que "las partes están gestionando una decisión o los términos de un intercambio"[12]. En ese sentido, cuando se habla de negociación se entiende que las partes involucradas están buscando obtener algo que les haga salir mejor de como estaban antes del proceso. De ahí el intercambio esperado para solucionar las necesidades de las partes.

Para propósitos de esta investigación, la definición de negociación propuesta por Fisher es la que utilizaremos a lo largo de este documento para describir y referirnos a lo que es una negociación, pues la misma se enfoca en resolver situaciones, independientemente del tema o contexto, a través de un proceso de comunicación en el que se busquen soluciones a los intereses planteados.

---

[9]   SALACUSE, Jeswald W.: *The global negotiator. Making, managing, and mending deals around the world in the Twenty-First century*. New York. 2003, p. 7.

[10]   MOVIUS, Hal: *Resolve. Negotiating life's conflicts with greater confidence...*, p. 9.

[11]   FISHER, Roger; URY, William L; & PATTON, Bruce: *Sí... ¡de acuerdo! Cómo negociar sin ceder...*, p. XVII.

[12]   MOVIUS, Hal: *Resolve. Negotiating life's conflicts with greater confidence...*, p. 9.

3. Enfoque y evolución de los diferentes esquemas

El objetivo de este trabajo no es hacer un análisis comparativo de los diferentes enfoques y metodologías de negociación que existen (o han existido). El objetivo es poder identificar cómo a través de herramientas asociadas a la negociación se puede construir confianza y poder así llegar a acuerdos en entornos de alta conflictividad. Sin embargo, consideramos importante hacer una breve descripción sobre los diferentes esquemas, enfoques y metodologías de negociación que se han utilizado a lo largo del tiempo, ya que entre ellos existe diferencias significativas en cuanto a proceso y resultados.

De igual forma, consideramos que esta breve descripción servirá también para sustentar la razón por la que nos hemos decantado por un modelo en particular, el cual identificaremos, describiremos y profundizaremos en el próximo apartado de este capítulo, sobre los demás. No se trata de juzgar o evaluar si son buenos o malos, eficientes o ineficientes, sino identificar las principales características y aplicación de estos.

En una investigación sobre procesos de negociación publicada en la revista académica *Frontiers in Psychology*, los autores resumen dos de los más conocidos enfoques que ha habido en los últimos años en negociación en términos generales, y sobre los cuales, a su vez, han derivado diferentes modelos, metodologías y esquemas de negociación. Se trata del enfoque distributivo y del enfoque integrativo. Si bien es cierto que la investigación referenciada está relacionada con procesos de negociación en el ámbito laboral, los esquemas distributivos e integrativos son aplicables a todos los tipos de negociación, independientemente del tema, contexto, o actores involucrados y están referenciados ampliamente en la literatura relacionada con negociación. En el artículo, los investigadores describen estos esquemas de la siguiente manera:

> "Partiendo de un enfoque teórico de la negociación, el estudio clásico de Walton y McKersie (1965) identificó dos subprocesos diferente en la negociación…: distributivo e integrativo.
>
> El aspecto distributivo se refiere a cómo los negociadores resuelven las diferencias cuando sus intereses o posiciones entran en

conflicto. Desde el enfoque de la teoría de juegos (Nash, 1950), esto se denomina «juego de suma cero» o «proceso de ganar-perder» (Fisher et al., 1991), porque implica dividir recursos limitados, como en una tarta fija.

El proceso integrativo implica la creación y el descubrimiento de ganancias conjuntas. Las partes identifican intereses comunes y realizan concesiones sobre cuestiones con valores diferenciales (Neale y Bazerman, 1983). Al intercambiar información, los negociadores pueden desarrollar juicios precisos sobre los intereses de la otra parte y crear acuerdos integradores mutuamente beneficiosos, ampliando así el pastel (Thompson et al., 1996). Este proceso se denomina «juego de suma variable» o «acuerdo ganar-ganar»"[13].

Consultado sobre estos enfoques durante una entrevista para este trabajo, el doctor Gustavo Velásquez[14], experto en temas de negociación, explica que sobre estos dos enfoques generales no se puede decir que uno es mejor que otro. Simplemente son distintos y aplicables en contextos y situaciones distintas. Hay procesos de negociación, los más transaccionales, en los cuáles el enfoque distributivo es lo más adecuado, pues no existe largo plazo entre las partes, no es posible agrandar el tamaño del pastel, ni generar valor. En estas negociaciones distributivas, además, el doctor Velásquez afirma que muchas veces se da el regateo como mecanismo para llegar a un acuerdo. En este sentido, el doctor Velásquez menciona que hay muchas instancias en las que se aplica este enfoque para resolver situaciones, sean procesos comerciales o contractuales, entre otros, en los que lo importante para alguna de las partes es obtener un resultado sin dar tanta relevancia a la relación o largo plazo. A modo de ejemplo, nos explica que es lo que tiende a suceder en un mercado

¹³   ELGOIBAR, Patricia; MEDINA, Francisco; EUWEMA, Martin; & MUNDUATE, Lourdes. *Increasing Integrative Negotiation in European Organizations Through Trustworthiness and Trust*, p. 2. Frontiers in Psychology. 2021.

¹⁴   Gustavo Velásquez es presidente, socio y fundador de CIC Cambridge International Consulting, firma latinoamericana con sedes en Caracas, Lima y Santo Domingo, dedicada a consultorías y formación en procesos de negociación durante más de 25 años. Esta firma organiza varios talleres de negociación al año en Cambridge, Massachusetts, con profesores de la Universidad de Harvard y del PON. La entrevista fue conducida de forma virtual durante dos días, 17 y 18 de julio 2025.

artesanal, en el que muchas veces los artesanos y clientes entran en un tedioso proceso para ver quien consigue regatear más, creyendo muchas veces el que lo hace que ha ganado la negociación, cuando en realidad estos tipos de procesos "tienden a desgastar la relación entre las partes, generando vencedores y vencidos".

Prosigue el doctor Velásquez explicando que hay otros procesos (los que requieren un enfoque integrativo) en los que sí existe el largo plazo entre las partes, hay varios temas a resolver, diferentes potenciales soluciones, y debido a esto, las partes deben enfocarse en buscar soluciones de beneficio mutuo, ya que la relación es importante (dado que las partes van a seguir interactuando en el futuro). También afirma que "la mayoría de las negociaciones que tenemos los seres humanos son con personas y entidades con quienes actuamos permanentemente, sea a nivel profesional o laboral. En estos procesos sería un error entrar en un enfoque distributivo que deteriore la relación". Además de los enfoques distributivos o integrativos (o los distintos nombres con los que se conocen, pero cuyos conceptos son similares) también es importante mencionar un tema adicional sobre el abordaje de los procesos de negociación, el cual tiene que ver con el aspecto estratégico de los mismos. Como escribe Danny Ertel (consultor, experto en procesos de negociación, y co-autor junto a Roger Fisher de libros de negociación) lo que sucede la mayor parte de las veces es que existe la creencia de que "cada negociación se plantea como un suceso aislado, y se piensa que su resultado depende del juicio personal del negociador, de su experiencia y ritmo"[15]. Sin embargo, Ertel prosigue a explicar un aspecto que es fundamental y que será explorado a profundidad en este trabajo, que tiene que ver con la preparación y con el enfoque estratégico que se debe dar a estos procesos. Según Ertel "… El resultado de la negociación no pivota únicamente alrededor de la capacidad negociadora del negociador. Toda negociación es susceptible de ser coordinada y de recibir apoyo del mismo modo que cualquier otra función"[16].

---

[15]   ERTEL, Danny: *Negociación y Resolución de Conflictos. Cómo convertir la negociación en una capacidad de la empresa*. Harvard Business Review. Barcelona. 2001, p. 131.
[16]   *Ibidem*, p. 132.

En base a lo anterior, podemos identificar que cada negociación es diferente, con diversos contextos y circunstancias, y que en función de esto puede haber distintos enfoques y maneras de abordar cada proceso. La clave es poder identificar claramente en cual contexto se mueve un determinado proceso, si es largo o corto plazo, si tener una buena relación importa, si lo único que importa es el resultado, y en base a eso determinar un curso de acción. Parafraseando al doctor Velásquez, el error sería, en primer lugar, no poder identificar clara y conscientemente el contexto, y, en segundo lugar, aplicar un enfoque y abordaje que no esté alineado con el mismo. Debido a que, como quedó referenciado anteriormente, la mayoría de los procesos de negociación son con contrapartes (personas, organismos, instituciones, empresas, países, gremios, entre otros) con los que interactuamos permanentemente, con quienes nos vamos a seguir viendo las caras, y en los que la relación es importante, para propósitos de este trabajo nos enfocaremos en profundizar sobre el enfoque integrativo para, a través de un marco referencial, identificar herramientas que sirvan para construir confianza en entornos de alta complejidad.

De hecho, es precisamente ese largo plazo, esa futura interacción, una de las principales razones por las cuales en esos entornos altamente conflictivos hay actores que buscan generar un cambio a través de la construcción de confianza, para poder así resolver un conflicto existente.

4. MODELO DE NEGOCIACIÓN EN BASE A PRINCIPIOS (INTERESES)

El modelo de negociación en base a intereses es propuesto bibliográfica y académicamente por primera vez en el libro *Sí... ¡de acuerdo!* de Fisher, Ury y Patton. El mismo propone evaluar los resultados de los procesos de negociación según tres criterios básicos:

> "... Debe conducir a un acuerdo sensato, si el acuerdo es posible. Debe ser eficiente. Y debe mejorar, o por lo menos no deteriorar la relación entre las partes. (Un acuerdo sensato puede definirse como aquel que satisface los intereses legítimos de ambas partes dentro de lo posible, que resuelve los conflictos

de intereses con equidad, que es durable, y que tiene en cuenta los intereses de la comunidad)"[17].

El problema radica, según indican los autores, en que normalmente las personas no tienden a negociar en función de los intereses de las partes, sino que lo más común es que negocien en base a lo que ellos denominan posiciones. Las posiciones en una negociación son las cosas que los negociadores piden, lo que exigen, lo que quieren, y lo que por lo general plantean cuando entran en un proceso de negociación. Son las exigencias más evidentes que las partes tienden a poner sobre la mesa como tema de discusión[18].

A modo de ejemplo sobre una negociación en base a posiciones, Fisher, Ury y Patton describen en el libro las negociaciones sobre los ensayos nucleares que realizaron Estados Unidos y la Unión Soviética durante la presidencia de John F. Kennedy. En esta negociación se presentó una discusión sobre la cantidad de ensayos nucleares que se le permitirían a ambos países en el territorio del otro cuando se tuviera que investigar el origen de movimientos sísmicos que generara alguna sospecha. Mientras que la Unión Soviética quería 3 inspecciones, los Estados Unidos pedían 10. Dado que cada país se cerró en el número de inspecciones que proponía (posición) y que el regateo no les permitió avanzar, la negociación se rompió y las partes no llegaron a ningún acuerdo. Pero no solo es que discutieron sólo sobre el número de inspecciones (posiciones), sino que, al hacerlo, dejaron de hablar de lo que realmente era importante (intereses): cómo sería el proceso de las inspecciones, cuantas personas y por cuanto tiempo las harían, cuál era el alcance y los límites, cómo se limitarían los niveles de intrusión, cómo se podría llevar a cabo una verificación válida y eficiente, entre otros temas importantes para ambos países[19]. En base al ejemplo anterior, consideramos importante hacer una precisión sobre el término posiciones y/o negociación posicional, ya que más allá del término en sí, la clave es entender el concepto de enfocar la negociación en algo que no es

---

[17]   FISHER, Roger; URY, William L; & PATTON, Bruce: *Sí... ¡de acuerdo! Cómo negociar sin ceder...*, p. 4.

[18]   *Ibidem*, pp. 3–5.

[19]   Ibidem, p. 5.

necesariamente lo que las partes verdaderamente necesitan, sino lo que quieren, piden o exigen.

James Sebenius, profesor de Harvard Business School y del PON, en un artículo publicado en Harvard Business Review (HBR) profundiza sobre las posiciones, diciendo que enfocarse en ellos es uno de los 6 errores (lo cataloga en el número 3: "Dejar que las posiciones expulsen los intereses") más comunes (y riesgosos) que las personas cometen a la hora de negociar. Escribe el Profesor Sebenius:

> Hay tres elementos en juego en una negociación. *Asuntos* están en la mesa para acuerdos explícitos. *Posiciones* son las posturas de cada parte sobre los asuntos. *Intereses* son preocupaciones subyacentes que se verían afectadas por la solución. Claro está que las posiciones sobre los asuntos reflejan intereses subyacentes, pero no tienen porque se idénticos. Suponga que está considerando una oferta de trabajo. El sueldo base probablemente será un tema. Quizás su posición en este asunto sea que necesita ganar USD\$100.000. Los intereses subyacentes de esa posición incluyen su necesidad de tener un buen ingreso, pero también pueden incluir estatus, seguridad, nuevas oportunidades, y necesidades que se pueden satisfacer de formas que no sean el sueldo. Sin embargo, hasta los más experimentados negociadores pueden ver la esencia de la negociación como un baile de posiciones. Si finalmente convergen las posiciones incompatibles, se hace el trato; si no, la negociación termina en un punto muerto. Por el contrario, los negociadores impulsados por los intereses ven el proceso principalmente como una reconciliación de intereses subyacentes: usted tiene un conjunto de intereses, yo tengo otro, y a través resolución de problemas en conjunto estaremos mejor capacitados para satisfacer a ambos conjuntos de intereses y por ende crear nuevo valor[20].

Como se ve puede apreciar, la consecuencia de negociar en base a posiciones es que el proceso tiende a convertirse en una batalla entre las partes en la que cada una busca ganarle a la otra, en la que incluso cuando se llegan a acuerdos, estos por lo general no son

---

[20]   SEBENIUS, James. *Seis hábitos de negociadores simplemente efectivos*, p.91. Harvard Business Review, vol. 79, No. 4. Abril, 2021.

sensatos dado que los verdaderos intereses de las partes no son satisfechos, se termina siendo ineficiente con el tiempo gastado, y se deteriora la relación. Todo esto evidentemente afecta el largo plazo entre las partes[21]. Básicamente, negociar sobre las posiciones lleva a las partes, sea de forma consciente o no, a utilizar el enfoque distributivo mencionado anteriormente. Y en ese sentido, dado el objetivo de este artículo, el enfoque distributivo (con las características y consecuencias aquí descritas) no es la vía más eficiente para lograr identificar los mecanismos adecuados para construir confianza en un entorno altamente conflictivo.

Es por ello por lo que es conveniente analizar y profundizar sobre lo que propone la metodología planteada por Fisher, Ury y Patton, la cual es una manera diferente de abordar las negociaciones. Esta metodología propone un esquema colaborativo que busca soluciones conjuntas, de beneficio mutuo, que cultive la relación y el largo plazo entre las partes (enfoque integrativo). Esta metodología consiste en lo siguiente:

"... Un método de negociación diseñado explícitamente para producir resultados prudentes en forma eficiente y amistosa... Este método... puede resumirse en cuatro puntos básicos. Estos cuatro puntos básicos definen un método directo de negociación que puede usarse en casi cualquier circunstancia:

Las personas: Separe a las personas del problema.

Los intereses: Concéntrese en los intereses, *no* en las posiciones.

Opciones: Genere una variedad de posibilidades antes de decidirse a actuar.

Criterios: Insista en que *el* resultado se base en algún criterio objetivo"[22].

En las próximas páginas profundizaremos sobre cada uno de estos puntos, pero primero consideramos importante hacer una precisión sobre esta metodología, ya que esto nos permitirá presentar como la misma evolucionó dentro del Proyecto de Negociación de Harvard

---

[21]   FISHER, Roger; URY, William L; & PATTON, Bruce: *Sí... ¡de acuerdo! Cómo negociar sin ceder...*, pp. 5 – 8.

[22]   Ibidem, p. 5.

después de su concepción inicial, para poder así referenciar el modelo completo de lo que hoy es conocido como la metodología en base a principios, y no solo como fue presentado originalmente.

Los 4 puntos básicos antes descritos constituyen el eje central que se plantea en *Sí... ¡de acuerdo!* sobre esta metodología. Pero también profundiza, sin directamente explicitarlos como puntos básicos o elementos de la metodología, sobre otros conceptos que están íntimamente relacionados con la capacidad de diagnóstico, análisis, e influencia en una negociación. Estos conceptos tienen que ver con Comunicación y Relación (asociado directamente con el proceso de separar a las personas del problema), Alternativa (plan B, en caso de no llegar a un acuerdo), y Compromiso (la implementación de los acuerdos en una negociación).

Es por ello por lo que en *Sí... ¡de acuerdo!, en la práctica*[23], escrito por Roger Fisher y Danny Ertel varios años después como complemento a *Sí... ¡de acuerdo!,* ya se plantea una metodología de 7 elementos que conforman la metodología de negociación en base a principios y que sirve como guía a utilizar en las diferentes etapas de un proceso de negociación. Es decir, se pasa del eje de 4 puntos originalmente planteados en *Sí... ¡de acuerdo!* (Personas, Intereses, Opciones, y Criterios) a un esquema más integral, con los 7 elementos, en el que Personas se disgrega en los dos componentes que la forman (Comunicación y Relación) y se incorporan las Alternativas y el Compromiso[24].

En ese sentido, la metodología de negociación en base a principios cuyos elementos describiremos más detalladamente a continuación es una herramienta que parte de un enfoque integrativo en el que las partes asumen que la negociación es un proceso (es decir,

---

[23]   FISHER, Roger & ERTEL, Danny: *Sí... ¡de acuerdo! en la práctica*. Bogotá. 1998.

[24]   Consideramos conveniente aclarar que no es que los conceptos relacionados a estos 4 elementos (Comunicación, Relación, Alternativas y Compromiso) fueran nuevos o recién incluidos en *Sí, ¡de acuerdo! en la práctica*. Estos conceptos aparecen y son parte fundamental de lo inicialmente expuesto en *Sí, ¡de acuerdo!,* pero no fueron representados como puntos básicos o elementos de la metodología. Dado a que posteriormente sí fueron identificados como elementos de la metodología en base a principios, ahora son reconocidos como parte integral de la misma.

que tiene unas fases, etapas) en el que deben colaborar (no confrontar) para encontrar soluciones que les generen valor. Esta metodología se puede utilizar antes de la negociación (etapas de diagnóstico y preparación), durante el proceso en sí (para ejecutar lo preparado) y después de la negociación (para medir de forma sistemática los resultados del proceso)[25].

Tabla 2. Elementos de la metodología de negociación según principios[26].

ELEMENTO	*DESCRIPCIÓN*	*APLICACIÓN*
Intereses	Necesidades, deseos, preocupaciones, temores de las partes. Todo aquello que nos impulsa a sentarnos en una mesa de negociación.	Centrarse en los intereses de las partes, no en las posiciones (lo que se pide, ofrece).
Opciones	Posibles soluciones, propuestas que se plantean en el proceso.	Generar diferentes opciones de beneficio mutuo (que los intereses de las partes queden satisfechos).
Criterios	Los sustentos que respaldan y les dan legitimidad a las opciones. Son las normas, leyes, opiniones de expertos, usos y costumbres, y todo lo que pueda servir para darle justicia e independencia a lo que se propone.	Insistir en que las soluciones propuestas tengan un criterio que sea justo para ambas partes (que no se base en deseos ni caprichos).

[25]   FISHER, Roger; URY, William L; & PATTON, Bruce: *Sí… ¡de acuerdo! Cómo negociar sin ceder…*, p.16. También ERTEL, Danny. *Negociación y Resolución de Conflictos. Cómo convertir la negociación en una capacidad…*, pp. 154-155.

[26]   Tabla creada por el autor en función de lo referenciado en FISHER, Roger; URY, William L; & PATTON, Bruce: *Sí… ¡de acuerdo! Cómo negociar sin ceder…*, pp. 12, 13, 48, 115 y 116. También URY, William: *Supere el no…*, pp. 36 – 39, y FISHER, Roger & ERTEL, Danny: *Sí, ¡de acuerdo! en la práctica…*, pp. 107, 108, 134 y 135.

Comunicación	La capacidad de transmitir los mensajes adecuados tanto sobre el proceso como de los temas a tratar. También tiene que ver con la capacidad de entender a la contraparte, sus intereses, preocupaciones.	Hay que asegurar que se eliminen los malentendidos y que el proceso avance de forma eficiente (que no se demore más de lo que debería debido fundamentalmente a problemas de entendimiento).
Relación	La forma como se tratan las partes, la confianza existente entre ellos, el respeto y la capacidad de comprensión mutua.	Separar a las personas del problema. Ser firmes con el problema (insistir en los intereses, buenas opciones y sólidos criterios) y ser suaves con las personas (respeto, flexibilidad, capacidad de construir confianza).
Alternativas	Lo que cada una de las partes puede hacer por su parte, sin involucrar al otro, en caso de no llegar a un acuerdo. El plan B fuera de la mesa de negociación.	Buscar un acuerdo que sea mejor que la MAAN (Mejor Alternativa a un Acuerdo Negociado).
Compromiso	En caso de llegar a un acuerdo, lo que debe plasmar cada uno de los temas que han sido acordados por las partes.	Hay que asegurar que el compromiso sea claro y bien diseñado. Que se pueda ejecutar y cumplir.

Como se indicó anteriormente en este trabajo, estos 7 elementos pueden utilizarse en cualquier proceso de negociación, independientemente del tipo de negociación, de las partes que estén involucradas y del lugar en el que se esté negociando. De igual forma, los 7 elementos son aspectos que, de forma consciente o no, se han utilizado (en mayor o menor medida y con mayor o menor grado de consciencia) para negociar y resolver los conflictos a lo largo de nuestras vidas.

Para profundizar sobre estos elementos, incorporamos los siguientes gráficos desarrollados por CIC *Cambridge International Consulting*, en los que por un lado se presentan los elementos como un proceso estructurado, y por el otro se describen a más detalles los elementos tanto a nivel de preparación como de análisis de resultados.

Gráfico 1. Descripción general de los 7 elementos de la metodología de negociación basada en principios. Gráfico elaborado por CIC *Cambridge International Consulting*.

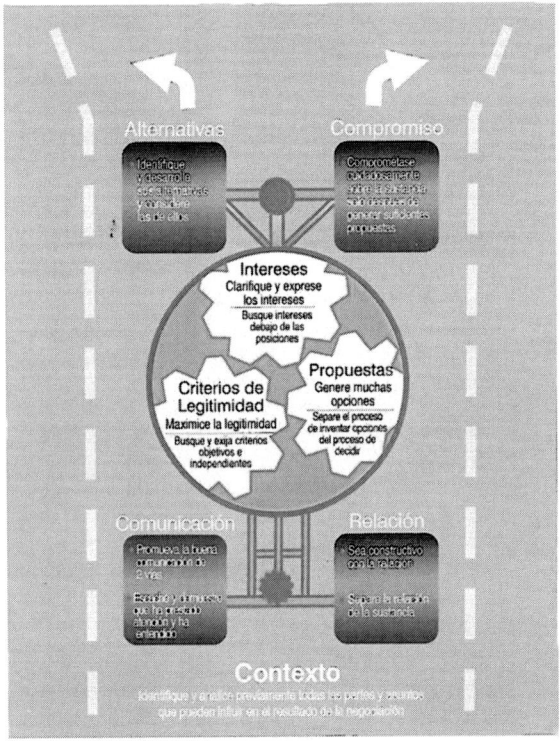

Gráfico 2. Uso de los 7 elementos de la metodología de negociación basada en principios tanto para la preparación como para medir los resultados. Gráfico elaborado por CIC *Cambridge International Consulting*.

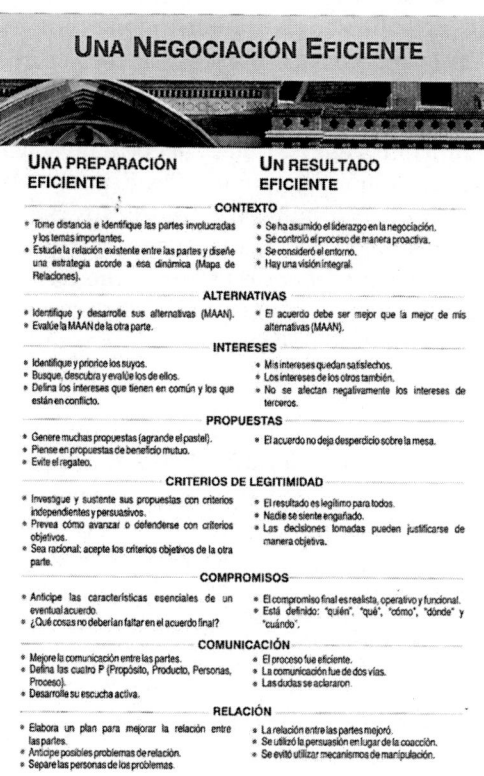

UNA NEGOCIACIÓN EFICIENTE

UNA PREPARACIÓN EFICIENTE	UN RESULTADO EFICIENTE
CONTEXTO	
• Tome distancia e identifique las partes involucradas y los temas importantes. • Estudie la relación existente entre las partes y diseñe una estrategia acorde a esa dinámica (Mapa de Relaciones).	• Se ha asumido el liderazgo en la negociación. • Se controló el proceso de manera proactiva. • Se consideró el entorno. • Hay una visión integral.
ALTERNATIVAS	
• Identifique y desarrolle sus alternativas (MAAN). • Evalúe la MAAN de la otra parte.	• El acuerdo debe ser mejor que la mejor de mis alternativas (MAAN).
INTERESES	
• Identifique y priorice los suyos. • Busque, descubra y evalúe los de ellos. • Defina los intereses que tienen en común y los que están en conflicto.	• Mis intereses quedan satisfechos. • Los intereses de los otros también. • No se afectan negativamente los intereses de terceros.
PROPUESTAS	
• Genere muchas propuestas (agrande el pastel). • Piense en propuestas de beneficio mutuo. • Evite el regateo.	• El acuerdo no deja desperdicio sobre la mesa.
CRITERIOS DE LEGITIMIDAD	
• Investigue y sustente sus propuestas con criterios independientes y persuasivos. • Prevea cómo avanzar o defenderse con criterios objetivos. • Sea racional: acepte los criterios objetivos de la otra parte.	• El resultado es legítimo para todos. • Nadie se siente engañado. • Las decisiones tomadas pueden justificarse de manera objetiva.
COMPROMISOS	
• Anticipe las características esenciales de un eventual acuerdo. • ¿Qué cosas no deberían faltar en el acuerdo final?	• El compromiso final es realista, operativo y funcional. • Está definido: "quién", "qué", "cómo", "dónde" y "cuándo".
COMUNICACIÓN	
• Mejore la comunicación entre las partes. • Defina las cuatro P (Propósito, Producto, Personas, Proceso). • Desarrolle su escucha activa.	• El proceso fue eficiente. • La comunicación fue de dos vías. • Las dudas se aclararon.
RELACIÓN	
• Elabora un plan para mejorar la relación entre las partes. • Anticipe posibles problemas de relación. • Separe las personas de los problemas.	• La relación entre las partes mejoró. • Se utilizó la persuasión en lugar de la coacción. • Se evitó utilizar mecanismos de manipulación.

Lo que hace esta metodología es, por un lado, identificar esos temas que siempre están presentes en estos procesos y organizarlos dentro de un marco referencial que facilite su uso y aplicación de forma consciente y estructurada (como un proceso, no simplemente algo meramente intuitivo) y, por el otro, dar los lineamientos para utilizarlos estratégicamente, con preparación, para tratar de influir para generar unos resultados eficientes (no solo llegar a un acuerdo), de beneficio mutuo, y que generen la posibilidad de una buena relación en el largo plazo entre los actores involucrados.

Profundizando sobre este último párrafo, es importante destacar lo que promueve el enfoque integrativo en cuanto a resultados. La eficiencia en un acuerdo no se trata simplemente de llegar a un acuerdo, sino que está asociada con la creación y generación de valor para las partes involucradas. En *Beyond Winning - Negotiating To Create Value in Deals and Disputes*, los autores describen el concepto de creación de valor de la siguiente manera:

> "Por definición, siempre que se negocia un acuerdo, ambas partes deben creer que el resultado les deja al menos en la misma situación que si no hubiera acuerdo. En este sentido estricto, cualquier resultado negociado, si es mejor que la mejor alternativa fuera de la mesa, podría decirse que crea valor. Sin embargo, cuando hablamos de crear valor, nos referimos típicamente a alcanzar un acuerdo que, en comparación con otros posibles resultados negociados, beneficie a ambas partes o beneficie a una de ellas sin perjudicar a la otra"[27].

Crear o generar valor, por lo tanto, no solo no tiene que ver con llegar a un acuerdo, o llegar a un acuerdo que sea mejor que la mejor alternativa (MAAN) sino llegar al mejor acuerdo posible, entendiendo esto como algo que no deje nada por resolver y que permite que los intereses de ambas partes quedan satisfechos en la mayor medida y de la mejor forma posible.

En su nuevo libro *Negotiation: The Game has changed*, Max Bazerman precisamente habla del impacto que tienen los grandes negociadores cuando se enfocan en la colaboración y en la generación de valor en una negociación. Explica Bazerman:

> "… Los grandes negociadores reconocen que negociar múltiples temas permite acuerdos favorables que incrementan el valor general del acuerdo. Estos temas adicionales pueden ser sumamente importantes. Al integrar creativamente un acuerdo en todos los temas, encontrar opciones mutuamente beneficiosas y hacer concesiones inteligentes, las partes crean valor y ambas logran mejores resultados. Los creadores de valor son negocia-

---

[27]   MNOOKIN, Robert; PEPPET, Scott; & TULUMELLO, Andrew: *Beyond Winning - Negotiating To Create Value in Deals and Disputes*. Cambridge. 2000, p. 25.

dores más eficaces, forjan relaciones más sólidas, tienen mejor reputación y contribuyen a un mundo mejor"[28].

Como se ve, el impacto de la generación de valor no es solo en los resultados en sí (que ya esto es importante) sino también en la construcción de una relación de confianza y de largo plazo con la otra parte. Es decir, toda persona que negocia le gusta obtener los mejores resultados y si ese resultado ha sido construido conjunta y activamente con la otra parte, eso permite que crezca la confianza entre las partes y, además, sienta las (buenas) bases para próximas negociaciones.

Si bien toda persona en una negociación aspira a llegar a un acuerdo que sea el mejor posible, lograr esto requiere crear las condiciones necesarias para que esto se dé, pues no es algo que sucede por azar o por casualidad. Crear estas condiciones es absolutamente clave para incrementar las probabilidades de tener éxito en cualquier negociación y, más aún, en procesos complejos en los que hay mucho en juego y existe un alto nivel de conflictividad. Para los negociadores, tener tanto este enfoque correcto como la metodología adecuada es clave para la difícil tarea de tomar (buenas) decisiones, particularmente dentro de los contextos de alta complejidad en los que se enfoca esta tesis.

Howard Raiffa, uno de los grandes expertos históricos del PON, investigó a profundidad sobre los procesos de toma de decisión en las negociaciones y los aspectos que influyen en los mismos para obtener mejores resultados. Partiendo del enfoque integrativo, Raiffa expone la importancia del alineamiento de la comunicación con los intereses de las partes para generar las mejores soluciones de beneficio mutuo, y llevar a cabo de esta forma de la teoría a la realidad un proceso integrativo. Explica Raiffa:

> "La toma de decisiones conjunta enfatiza la comunicación directa de intereses, aspiraciones, expectativas, creencias, visiones de futuro, etc. Esto contrasta marcadamente con la perspectiva de no cooperación... que implica... ausencia de comunicación previa. Los negociadores empeñados en obtener valor conjun-

---

[28]   BAZERMAN, Max: *Negotiation: The Game has changed.* New Jersey. 2025. p. 47.

to mediante la toma de decisiones colaborativa podrían desear intercambiar sus secretos más íntimos con la esperanza de maximizar las ganancias conjuntas"[29].

De la misma manera, otro aspecto que considera Raiffa como fundamental para tomar las mejores decisiones de beneficio mutuo tiene que ver con la capacidad de los negociadores de ver el proceso con perspectiva analítica. Sobre la perspectiva para generar el enfoque adecuado, Raiffa expone lo siguiente:

> "Los negociadores exitosos estudian el mismo problema de decisión desde diferentes perspectivas para comprender mejor las fortalezas y debilidades de su situación. Al adoptar una perspectiva de decisión conjunta, pueden comprender mejor cómo la comunicación facilitará la elaboración de acuerdos conjuntos en beneficio de ambas partes. Mediante la cooperación, los negociadores pueden explorar acuerdos que generen la posibilidad de una solución beneficiosa para ambas partes"[30].

En ese sentido, vemos como las investigaciones de Raiffa son consistentes no solo con el enfoque integrativo como mecanismo para generar mejores soluciones, sino que además resalta la importancia tanto del uso de unos aspectos que son fundamentales en la metodología de la negociación en base a principios, y también la relevancia de ver la negociación como un proceso que se puede preparar y utilizar estratégica y conscientemente para influir en el resultado.

En esa misma línea se manifiesta un artículo publicado por Cynthia Irmer y Daniel Druckman en el que se enfocan en determinar los factores que explican los resultados de una negociación. En el artículo los autores han identificado la importancia de manejar correctamente el proceso, independientemente del contexto de la negociación[31].

---

[29]   RAIFFA, Howard: *Negotiation Analysis - The Science and Art of Collaborative Decision Making.* Cambridge. 2002, p. 83.
[30]   Ibidem, pp. 84 y 85.
[31]   IRMER, Cynthia & DRUCKMAN, Daniel. *Explaining negotiation outcomes: Process or context?*, pp. 209-235. Negotiation and Conflict Management Research, Volumen 2, Número 3. 2009.

Específicamente, en su investigación, en la cual analizaron 26 casos de negociaciones reales y complejas (guerras, conflictos armados, conflictos internacionales) que se resolvieron a través de la negociación, alcanzaron diversas conclusiones, entre las cuales destacamos:

> ... Nuestros resultados son claros. Los resultados se correlacionan con el proceso, no con el contexto, ya que estas variables se definieron en el análisis...
>
> ... Los resultados de este estudio son importantes tanto para la teoría como para la práctica. En cuanto a la teoría, los hallazgos respaldan los marcos de RC[32] que enfatizan la importancia del proceso...
>
> ... Los procesos distributivos condujeron a resultados menos integrales. Los procesos integrativos (de resolución de problemas) produjeron resultados más integrales...[33].

Estos resultados sustentan el uso en este artículo de la metodología de negociación en base a principios como marco referencial, ya que la misma propone un esquema integrativo, un esquema con una estructura clara, un enfoque en el proceso en cuanto a personas y formas, que además se puede utilizar en las diferentes etapas de una negociación (antes, durante y después).

5. Conclusiones

Este trabajo tiene como objetivo desarrollar el concepto de negociación como una herramienta para resolver conflictos. Con esto se busca ir desarrollando las herramientas necesarias para la construcción de confianza para resolver conflictos en entornos altamente conflictivos. Es por ello por lo que hemos partido de la premisa de que el conflicto no solo es algo normal, sino también necesario en las interacciones humanas. Por lo tanto, el enfoque está en saber cómo lidiar con el mismo, por lo que se ha identificado la negociación como una herramienta para el manejo eficiente del conflicto.

---

[32] RC = Resolución de conflictos.
[33] IRMER, Cynthia & DRUCKMAN, Daniel. *Explaining negotiation outcomes: Process or context?...*, pp. 227 y 228.

En ese sentido, se identificó que esta herramienta se puede aprender, mejorar y desarrollar. No necesariamente es algo con lo que se nace, sino algo que los seres humanos podemos afinar a lo largo de nuestras vidas. Es por ello por lo que, como punto de partida, se identificó una definición de negociación, pues el término puede significar distintas cosas para distintas personas.

En este capítulo también identificamos los enfoques más tradicionales que existen en el mundo de la negociación: el distributivo y el integrativo. Se determinó que no es uno mejor que el otro, sino que son procesos distintos aplicables a situaciones y contextos distintos. Para ello, se profundizó sobre cuándo aplicar uno u otro, llegando a la conclusión que, para procesos de largo plazo, en los que los acuerdos y la relación son importantes, es conveniente utilizar un abordaje integrativo para generar las mejores soluciones. En ese sentido, se profundizó sobre la importancia de la generación de valor en estos procesos, ya que lo que se busca no es solo llegar a un acuerdo, sino llegar al mejor acuerdo posible.

Es en esa línea que se introdujo la metodología de la negociación basada en principios planteada inicialmente por Roger Fisher, William Ury y Bruce Patton en *Sí... ¡de acuerdo!*, el libro que revolucionó el mundo de la negociación con un marco referencial práctico, sencillo y a la vez muy poderoso para resolver las negociaciones de la mejor manera posible. Como se explicó a profundidad en el capítulo, la metodología propone un esquema integrativo en el que las partes separan las personas de los problemas, se enfocan en los intereses de las partes, buscan las mejores opciones de solución, asegurándose que las mismas sean mejor que cualquier plan B (MAAN) que las partes puedan tener. Para eso, se propone utilizar un esquema de 7 elementos para ayudar a preparar y guiar el proceso de negociación hacia el mejor resultado posible.

También, se explicó que la negociación no se trata sólo de la sustancia (del fondo), sino también de la importancia del proceso. Sobre este aspecto se profundizó ya que la evidencia sostiene que los mejores resultados se logran cuando las personas se preparan, diseñan el proceso, se enfocan en entender cómo las personas toman las mejores decisiones, de forma que los acuerdos generados sean los más convenientes para todos. También se compartieron amplios ejemplos de casos reales, de estudios e investigaciones que sustentan los enfoques, metodologías y herramientas compartidas, con el propósito de dar respaldo teórico y práctico de cada aspecto compartido.

6. Bibliografía

BAZERMAN, Max: *Negotiation: The Game has changed*. New Jersey. 2025.

ERTEL, Danny: *Negociación y Resolución de Conflictos. Cómo convertir la negociación en una capacidad de la empresa*. Harvard Business Review. Barcelona. 2001.

FISHER, Roger & ERTEL, Danny: *Sí... ¡de acuerdo! en la práctica*. Bogotá. 1998.

FISHER, Roger; URY, William L; & PATTON, Bruce: *Sí... ¡de acuerdo! Cómo negociar sin ceder*. Bogotá. 1995.

MALHOTRA, Deepak & BAZERMAN, Max: *El negociador genial*. Barcelona. 2013.

MNOOKIN, Robert; PEPPET, Scott; & TULUMELLO, Andrew: *Beyond Winning - Negotiating To Create Value in Deals and Disputes*. Cambridge. 2000.

MOVIUS, Hal: *Resolve. Negotiating life's conflicts with greater confidence*. Charlottesville. 2017.

RAIFFA, Howard: *Negotiation Analysis - The Science and Art of Collaborative Decision Making*. Cambridge. 2002.

SALACUSE, Jeswald W.: *The global negotiator. Making, managing, and mending deals around the world in the Twenty-First century*. New York. 2003.

TRONICK, Ed & GOLD, Claudia: *El poder del conflicto*. Ciudad de México. 2021.

URY, William: *Supere el no*. Barcelona, 2012.

6.1. Artículos en Publicaciones Científicas

ELGOIBAR, Patricia; MEDINA, Francisco; EUWEMA, Martin; & MUNDUATE, Lourdes. *Increasing Integrative Negotiation in European Organizations Through Trustworthiness and Trust*. Frontiers in Psychology. 2021.

IRMER, Cynthia & DRUCKMAN, Daniel. *Explaining negotiation outcomes: Process or context?* Negotiation and Conflict Management Research, Volumen 2, Número 3. 2009.

SEBENIUS, James. *Seis hábitos de negociadores simplemente efectivos.* Harvard Business Review, vol. 79, No. 4. Abril, 2021.

MEDIACIÓN Y CULTURA DE PAZ: HACIA UNA GESTIÓN CONSTRUCTIVA DEL CONFLICTO

CRISTINA DEL PRADO HIGUERA

Universidad Rey Juan Carlos

1. INTRODUCCIÓN

La mediación tal y como señala el filósofo y experto en mediación Jean-François Six se ha utilizado en múltiples campos del conocimiento, "generalizando la palabra mediación para lo bueno y para lo malo... Las apelaciones son tan diversas que se tiene la impresión de encontrase en un gran supermercado: el bazar de la mediación, con los productos unos al lado de otros, están así expuestos sin ningún punto en común más que en el de formar parte de un conjunto variopinto" (Six, 1997, pág. 29).

Por lo que adentrarnos en todas sus variantes es fundamental para comprender esta área de conocimiento. Desde una perspectiva histórica, la mediación emergió al margen de la noción clásica de justicia. Tenemos que remontarnos a Mesopotamia, al Código de Hammurabi para hablar de mediación, algunas culturas integraban en sus tradiciones más antiguas mecanismos de resolución pacífica de disputas, "así, por ejemplo, los Consejos del pueblo de Sri Lanka en el año 425 a.c. estaban formados por lo más ancianos, quienes escuchaban las quejas y resolvían los problemas entre vecinos" (Hernández Delgado, 2010, pág. 130).

Es en el marco de las civilizaciones romana y griega la figura del arbitraje comienza a emplearse como mecanismo para la resolución de conflictos de distinta naturaleza y "aparece recogido en diversos textos romanos como el Código de Justiniano o la Ley de las XII Tablas" (Velarde& Sastre, 2006, pág. 11). Dentro del marco normativo romano, se advierte igualmente los primeros antecedentes de una regulación jurídica propia y donde se recurría a la conciliación con carácter previo al proceso judicial. También se implementó la intervención de figuras como el patriarca en el ámbito de las disputas familiares.

En nuestro país, a lo largo de la historia, se ha cultivado igualmente una tradición de mediación. Así, en 1788 se dictó una instrucción dirigida a los corregidores en la que se les instaba a evitar los litigios siempre que fuera posible, fomentando la avenencia de las partes mediante acuerdos amistosos. Posteriormente, tanto en la Constitución de 1812 como en la Ley de 1821, se dispuso que los alcaldes presidieran los procesos de conciliación, los cuales se consideraban un requisito indispensable previo al inicio de un juicio (Monroy, 1997. En: Hernández Delgado, 2010, pág. 131).

No se ha establecido hasta la fecha una definición de mediación con carácter universalmente vinculante. Conforme a las directrices emanadas de las Naciones Unidas, la mediación cumple funciones esenciales orientadas al arreglo pacífico de controversias, así como a su prevención y solución efectiva. La mediación también comparte "una serie de elementos con otros métodos de gestión pacífica de controversias como los buenos oficios, la conciliación y la negociación" (López Vallés, 2017, pág. 47) por otra parte, también se considera que "la mediación es un proceso, en el sentido de no ser algo estático e inmutable, sino, más bien, al contrario, algo en continuo movimiento, de ahí su carácter flexible capaz de ir adaptándose a las diferentes expresiones en las que el conflicto puede aparecer" (Lozano Martín, 2015, pág. 122). Además, la mediación ha sido diseñada para ser: no intrusiva, voluntaria, transparente y no coercitiva. Lo que permite a las partes hablar con libertad, escuchar todas las posturas y, tomar decisiones independientes de las influencias externas. Para (Hernández Pradas, 2010, pág. 261) "la mediación internacional es un medio de arreglo pacífico de controversias internacionales, no coercitivo y voluntario, a través de la intervención de un tercero cuya misión consiste en ayudar a las partes a resolver la disputa".

Para que una negociación tenga posibilidades reales de éxito, deben reunirse ciertas condiciones mínimas. Entre ellas se destacan: el reconocimiento mutuo de los interlocutores, el ejercicio de liderazgos responsables, un entorno de seguridad, garantías claras para las partes, la disposición a ceder en ciertos aspectos, la voluntad de construir conjuntamente, la percepción de que hay algo que ganar en el proceso, la presencia de facilitadores imparciales y la capacidad de comunicar lo negociado de forma efectiva.

Desde el rol de la mediación, se entiende que cada parte tiene su verdad, sus intereses y sus emociones. La tarea del mediador es crear un espacio de confianza, equidad y respeto, en el que las voces puedan ser escuchadas, y en el que, más allá de las diferencias, se pueda vislumbrar un horizonte común. Porque mediar no es solo intervenir, sino acompañar a las partes en un proceso donde puedan reconstruir su relación desde el diálogo y la cooperación.

Para el experto e investigador en procesos de paz Vicenç Fisas, lo más importante y, al mismo tiempo, lo más complejo en la resolución de conflictos no es únicamente alcanzar un acuerdo entre las partes, sino generar las condiciones necesarias para que dicho acuerdo sea sostenible en el tiempo. "Es por lo que el oficio de mediador o facilitador en conflictos armados es uno de los más necesarios y también más difíciles. El porcentaje de fracaso es muy elevado, por lo que hay una cierta frecuencia en el relevo de cargos. Su cometido es muy noble: ayudar a las partes enfrentadas a encontrar un acuerdo que les satisfaga suficientemente. Y ello sin imposiciones. Sólo con el consejo, la inducción a lo sumo. Es un arte, con técnicas estudiadas y comprobadas, que sólo unas cuantas personas tienen la capacidad real de llevarlas a cabo. Paciencia, flexibilidad, empatía y creatividad son algunas de las virtudes del buen mediador" (Fisas, 2011, pág. 4).

La utilización de la mediación como instrumento pacífico para la resolución de controversias, tanto en el ámbito nacional como en el internacional, no ha recibido aún la atención suficiente por parte de los organismos internacionales, aunque se ha podido demostrar como la labor de los diplomáticos y de las organizaciones no gubernamentales es fundamental para que algunos de estos conflictos terminen con éxito, ya que contribuyen a poner voz a los problemas de la sociedad civil tal y como señala la profesora Hernández Pradas "la búsqueda de la paz es un desafío para todos, los mediadores, las partes implicadas en la controversia, la sociedad civil y la comunidad internacional en su conjunto" (Hernández Pradas, 2010, pág. 270). Algunos líderes políticos y religiosos han desempeñado un papel fundamental en diversos procesos de mediación. Un ejemplo destacado es el del papa Francisco, cuya intervención resultó decisiva en los acuerdos entre Cuba y Estados Unidos para la reanudación de sus relaciones diplomáticas. (Ortega y Alamino, 2017).

La sociedad y los Estados tienen la responsabilidad fundamental de procurar la resolución de disputas a través de medios pacíficos, priorizando el diálogo, la negociación y otros mecanismos de entendimiento mutuo. El uso de la fuerza debe ser evitado en la medida de lo posible, recurriéndose a él únicamente como último recurso y conforme a los principios del derecho internacional. El acuerdo de restringir la utilización de la guerra como recurso ordinario para la resolución de conflictos fue asumido por los Estados signatarios del Convenio de La Haya de 1907, por la Sociedad de Naciones en 1919 y, posteriormente, por el Pacto Briand-Kellogg del 27 de agosto de 1928. De esta manera, se fueron estableciendo diversos mecanismos orientados a facilitar la solución de las disputas que pudieran surgir entre las naciones. Los Estados asumieron el deber de consagrar el principio de solución pacífica de las controversias internacionales como una obligación *erga omnes*, en tanto constituye una norma de *ius cogens*, a través de la adopción de la Carta de las Naciones Unidas, suscrita el 26 de junio de 1945.

Tras la Segunda Guerra Mundial, la Carta de Naciones Unidas de 1945 fue un ejemplo a seguir ya que contenía en su preámbulo, como principal objetivo, preservar a las generaciones futuras del flagelo de la guerra. Su artículo 2.4 recoge: "los miembros de la Organización, en sus relaciones internacionales, se abstendrán de recurrir a la amenaza o al uso de la fuerza contra la integridad territorial o la independencia política de cualquier Estado, o en cualquier otra forma incompatible con los propósitos de las Naciones Unidas". También, la Declaración de Principios de Derecho Internacional, referente a las Relaciones de Amistad y a la Cooperación entre los Estados de conformidad con la Carta de Naciones Unidas, proclamaba este principio, destacando que dicho arreglo se basará en la igualdad soberana de los Estados y en el principio de libre elección de los medios (Resolución 26/25 de la Asamblea General de Naciones Unidas, 24 de octubre de 1970). Este principio representa un deseo generalizado para extender el imperio de la ley y de fortalecer el sentimiento de la justicia internacional, sustentado en la Convención para la resolución pacífica de las controversias internacionales e impulsando la expansión de la práctica mediadora en regiones como África, Europa y Oriente Medio.

Las Naciones Unidas han desempeñado y continúan desempeñando un papel fundamental en la promoción de la mediación como un mecanismo eficaz para la gestión y resolución de conflictos. Su intervención ha sido clave tanto en disputas internas dentro de diversos Estados como en conflictos de carácter interestatal. Algunos ejemplos ilustrativos son Afganistán, Angola, Colombia, Chipre, El Salvador, Guinea Ecuatorial, Gabón, Georgia, Guatemala, Guyana y Venezuela, Haití, Irán e Irak, Myanmar, Nepal, Nicaragua, Nigeria y Camerún, la ex Yugoslavia y el Sáhara Occidental entre otros. En el marco de Naciones Unidas la labor de mediación la ha desarrollado principalmente el secretario general y sus representantes. La Cumbre Mundial de 2005, resaltaba el papel tan destacado que había jugado como mediador el secretario general en los diversos conflictos y crisis internacionales (Asamblea General de la ONU, 2005, pág. 76).

Cada año emergen nuevos conflictos en distintos contextos, lo que pone de manifiesto la necesidad de recurrir a mecanismos eficaces para su abordaje y resolución. En este sentido, tanto la negociación como la mediación han adquirido una relevancia creciente como herramientas fundamentales para resolver controversias de índole político, económico y social especialmente en países periféricos. Su uso se ha consolidado progresivamente en la práctica internacional y nacional, debido a su capacidad para facilitar el diálogo, promover el entendimiento mutuo y generar soluciones sostenibles que respondan a los intereses de las partes involucradas. La política internacional nos demuestra que no todos conflictos bélicos se resuelven a través de la mediación nos encontramos con la guerra entre Rusia y Ucrania o el conflicto palestino-israelí que a pesar de los intentos de negociación no se encuentra una vía pacífica de negociación[1].

Por otro lado, ciertos conflictos internacionales, como el del Ulster o el prolongado enfrentamiento entre las FARC-EP y el Gobierno de Colombia, que se extendió por más de cincuenta años, han logrado encontrar una solución mediante este mecanismo. Lo esencial, en todo caso, es identificar y aplicar sistemas y métodos que permitan alcanzar una resolución efectiva y sostenible en el tiempo.

2. Visión internacional de un mundo en conflicto

El panorama global de conflictividad armada atraviesa un proceso de deterioro sostenido y alarmante. En los últimos años, se ha registrado un incremento tanto en el número de conflictos armados activos como en la intensidad y complejidad de éstos. Este agrava-

---

[1]   Desde Naciones Unidas se han llevado a cabo con éxito la mediación en diversos conflictos como los acontecidos entre Polonia y Lituania en 1920, Finlandia y Suecia en 1921, Alemania y Polonia en 1922, Italia y Grecia en 1923.

miento no solo responde a disputas interestatales o insurgencias internas, sino también a la proliferación de actores no estatales, la fragmentación de los frentes de combate y la creciente instrumentalización de la violencia por parte de poderes regionales y globales. Según el Instituto internacional de Estocolmo de investigación para la paz "cada vez más los países recurren a la acción militar en lugar de a la mediación y a la diplomacia" en el año 2023, un número considerable de procesos de paz no lograron concluirse de manera satisfactoria. Esta situación pone de relieve las múltiples dificultades que persisten en la consolidación de acuerdos sostenibles, así como la necesidad de fortalecer los mecanismos de mediación, el compromiso político de las partes involucradas y la participación inclusiva en dichos procesos.

Simultáneamente, se observa una tendencia ascendente hacia el militarismo como principio rector de las políticas de seguridad nacional, así como una militarización creciente de la vida civil. Gobiernos de distintas orientaciones ideológicas recurren cada vez con mayor frecuencia al aparato militar para responder a crisis internas, gestionar fronteras o intervenir en conflictos externos, erosionando los mecanismos diplomáticos y debilitando los marcos institucionales multilaterales para la resolución pacífica de disputas. Este contexto plantea un desafío estructural a la arquitectura internacional de seguridad y evidencia la urgencia de reforzar los instrumentos de prevención, mediación y construcción de paz, en un entorno donde la lógica de la fuerza tiende a imponerse sobre la del diálogo. De tal manera que "cada vez más gobiernos y agentes armados no estatales recurren a la acción militar y a la proliferación de armas, en lugar de a la diplomacia y la mediación, incluida aquella auspiciada por las Naciones Unidas o por organizaciones regionales" (Instituto Internacional de Estocolmo de Investigación para la Paz, *"Global military spending surges amid war, rising tensions and insecurity"*, 22 de abril de 2024).

Los conflictos armados actualmente abiertos en contextos tan diversos como Malí, Mozambique, Myanmar, la República Árabe

Siria, la República Democrática del Congo, Somalia, Sudán, Sudán del Sur, Ucrania y la Franja de Gaza... Representan no solo crisis localizadas, sino manifestaciones de procesos históricos más amplios de desestabilización política, fragmentación estatal y disputa por el poder en un orden internacional en transformación. Teniendo unos efectos devastadores sobre la población civil "en 2023 murieron o resultaron heridos por armas explosivas casi 30.000 civiles en apenas seis conflictos: Gaza, Myanmar, República Árabe Siria, Sudán, Ucrania y Yemen. Cuando se utilizaron armas explosivas en zonas pobladas, el 90 % de los muertos y heridos fueron civiles. Según fuentes de las Naciones Unidas, la principal causa de bajas civiles en el Sudán y Ucrania fue el uso de armas explosivas en zonas pobladas" (Consejo de Seguridad. Naciones Unidas, S/2024/385, pág. 3). Las consecuencias derivadas de estos conflictos incluyen ataques directos a infraestructuras críticas, tales como el suministro de electricidad y agua, hospitales y zonas agrícolas, lo que agrava la situación humanitaria en las regiones afectadas. También, la presencia de restos de minas terrestres y otros artefactos explosivos representa un riesgo constante para la población civil, generando efectos devastadores que, aunque menos visibles, resultan difíciles de cuantificar. Entre estas consecuencias más silenciosas se encuentran los daños al medio ambiente, que en muchos casos son irreversibles, la destrucción de infraestructuras hídricas, la contaminación del aire como resultado de bombardeos sobre instalaciones petrolíferas, la polución de aguas subterráneas, la deforestación de zonas boscosas, así como la alteración de los ecosistemas.

Una de las consecuencias más sangrienta son los desplazamientos forzados en 2023 hubo alrededor de 110 millones de personas en situación de desplazamiento a raíz de conflictos, persecución, violencia o violaciones o abusos de los derechos humanos. Los conflictos armados que han provocados mayor número se encuentran en países como Sudán, la República Democrática del Congo, Gaza, Colombia o Nigeria en donde más del 60% eran desplazados internos.

3. Principios y características fundamentales de la mediación

En la segunda mitad del siglo XX, fue cuando la mediación recibió un mayor impulso, especialmente desde Estados Unidos, con el nacimiento del movimiento *Alternative Dispute Resolutions* (ADR). El propósito fundamental consistía en consolidar la mediación, junto con otros mecanismos alternativos de resolución de controversias, como una vía complementaria a la labor jurisdiccional. La experiencia reciente ha puesto de manifiesto que el éxito de los procesos de mediación depende en gran medida de la implicación activa de los diferentes actores. En este sentido, la participación de la sociedad civil, así como el acompañamiento de organizaciones regionales y subregionales, se ha convertido en un pilar esencial para fortalecer y legitimar las iniciativas de paz, favoreciendo la construcción de soluciones inclusivas y sostenibles.

Los Estados que se rigen por sistemas democráticos suelen mostrar una mayor inclinación hacia el uso de la mediación y la negociación como medios para la resolución de conflictos. La función de mediador puede ser desempeñada tanto por un actor internacional individual como por un grupo de Estados, según se trate de una mediación unilateral o multilateral. En determinados procesos resulta necesaria la participación de figuras destacadas en los ámbitos de la política, la diplomacia o la sociedad civil, cuya intervención contribuye a facilitar el diálogo y la construcción de acuerdo (Hernández Pradas, 2010, pág. 265).

El 22 de junio de 2011, la Asamblea General de Naciones Unidas aprobó por unanimidad su primera resolución relativa a la mediación la 65/283, en ella se ponía de manifiesto "la útil función que puede cumplir la mediación para evitar que las controversias se intensifiquen hasta pasar a ser conflictos y éstos sigan extendiéndose, así como para promover la solución de los conflictos y, de esa forma, prevenir o reducir el sufrimiento humano, y crear condiciones favorables para una paz duradera y un desarrollo sostenible, y, a este respecto, reconociendo que la paz y el desarrollo se refuerzan mutuamente". Las Naciones Unidas se encuentran en una posición muy ventajosa para ayudar a solucionar estos conflictos, ya que tiene presencia en la mayoría de los países y capacidad de mediación más cercana en las zonas de conflicto reales y potenciales, al poder destacar personal especializado en temas políticos, en cuestiones electorales, constitucionales y de seguridad. Las organizaciones regionales y subregionales también pueden jugar un papel destacado en los diversos procesos de mediación, ya que los agentes locales ofrecen una perspectiva más real del conflicto siendo capaces de identificar soluciones más específicas.

De tal manera que el mediador consigue con todas las técnicas y herramientas puestas a su alcance que dos posturas irreconciliables lleguen a un acuerdo, "la identidad del mediador se expresa a través de una lógica diferente a la del pensamiento binario: utiliza la lógica dialéctica la que permite una tercera posibilidad. La relación estructural totalmente intrínseca, entre términos autónomos y en tanto que autónomos" (Six, 1995, pág. 162). La medición se considera la más satisfactoria de las técnicas alternativas a la resolución de conflictos y las estrategias para llevarla a la práctica son muy distintas dependiendo del conflicto (López Martínez, 2004, pág. 675). Fisas introduce un apartado más en la definición y, es que la mediación no puede ser impuesta por terceros, sino que debe ser aceptada libremente por las partes en conflicto. La mediación es siempre voluntaria, nadie está ni debe estar obligado a acudir a la mediación ni a mantenerse en el proceso ni a concluir el acuerdo. La mediación también puede ser abandonada en cualquier momento, lo que hace que sea un acto voluntario por las partes que deciden someterse a ella. La Ley 5/2012 de 6 de julio, de Mediación en Asuntos Civiles y Mercantiles y el Real Decreto 980/2013, de 13 de septiembre "define la mediación como aquel medio de solución de controversias, cualquiera que sea su denominación, en que dos o más partes intentan voluntariamente alcanzar por sí mismas un acuerdo con la intervención de un mediador".

Hay una serie de aspectos que se deben cumplir en cualquier mediación, entre las más importantes podemos destacar como señala

la experta en mediación Celia González-Capitel: "Autodetermina-
ción, neutralidad e imparcialidad, confidencialidad y la calidad del
proceso. La mediación constituye un servicio híbrido que absorbe
a diferentes profesionales como abogados, psiquiatras, psicólogos,
trabajadores sociales, enfermeras, consejeros... Cada una de estas
profesiones cuenta con códigos éticos para orientar sus respectivas
prácticas profesionales, pero aún no se ha determinado qué partes
de esos códigos se aplican a la práctica de la Mediación, que hasta
cierto punto difiere de las prácticas de las profesiones antes mencio-
nadas" (González-Capitel, 2001, págs.122 y ss).

Desde 2006, Naciones Unidas ha establecido el Departamento de
Apoyo a la Mediación, concebido como una instancia destinada a
respaldar los procesos de mediación en diversos contextos. Este organismo dispone de un equipo de especialistas con capacidad de
respuesta inmediata ante situaciones de conflicto, integrado por
profesionales con experiencia en ámbitos políticos, económicos,
de género, recursos naturales y seguridad, entre otros. Cuando los
asuntos son de carácter altamente específico, pueden ser remitidos
a entidades con mayor grado de especialización, como el Programa
de las Naciones Unidas para el Desarrollo (PNUD) o ONU Mujeres,
que cuentan con equipos técnicos dedicados a la igualdad de género y a la incorporación de esta perspectiva en los procesos de paz.

A través de las operaciones de mantenimiento de paz, Naciones
Unidas ha conseguido que en la denominada geopolítica de la pe-
riferia se puedan ir consolidando los acuerdos de paz. La mediación, cuando se implementa eficazmente a nivel local, desempeña
un papel esencial en la construcción de la confianza entre las comunidades afectadas y los actores implicados en los conflictos. Este
enfoque promueve un diálogo genuino y participativo, facilitando
el entendimiento mutuo y la identificación de intereses comunes.
Al vincular estos procesos locales con los actores políticos y marcos
institucionales a nivel nacional, se refuerza la legitimidad y sostenibilidad de los acuerdos alcanzados, evitando que las dinámicas de
base queden aisladas de las decisiones estructurales.

La búsqueda de soluciones políticas duraderas guía el diseño, la planificación y el despliegue de las operaciones de mantenimiento de la paz. La coordinación entre actores locales, nacionales, regionales e internacionales es fundamental para asegurar avances significativos en ámbitos clave como la seguridad, la reconciliación nacional, el fortalecimiento del estado de derecho, la protección de los derechos humanos y la promoción del desarrollo sostenible. Esta sinergia multiescalar permite no solo abordar las causas estructurales de los conflictos, sino también consolidar las capacidades institucionales necesarias para prevenir su reaparición.

Podemos destacar algunos ejemplos muy destacables de éxito de mediación entre los que se encuentran la República Democrática del Congo. Ante la persistencia de crisis humanitarias, políticas, de seguridad y de derechos humanos en la República Centroafricana, y considerando su impacto desestabilizador en la región, el Consejo de Seguridad de las Naciones Unidas autorizó, el 10 de abril de 2014, el despliegue de la Misión Multidimensional Integrada de Estabilización de las Naciones Unidas en la República Centroafricana (MINUSCA). Desde una perspectiva de mediación, esta operación no sólo respondió a una necesidad urgente de protección de la población civil prioridad fundamental de su mandato, sino que también constituyó un espacio clave para facilitar el diálogo político, la reconciliación y la reconstrucción del tejido social.

Asumió un enfoque integral, en el que la mediación jugó un papel transversal para garantizar la eficacia y legitimidad de sus funciones: apoyo al proceso de transición política, facilitación de la asistencia humanitaria, promoción y protección de los derechos humanos, fortalecimiento de la justicia y el estado de derecho, y el acompañamiento de procesos sensibles como el desarme, la desmovilización, la reintegración y la repatriación. Estas tareas requerían no sólo de capacidades operativas, sino de una escucha activa, neutralidad, y capacidad de generar confianza entre actores polarizados principios esenciales de la mediación.

En el momento de su creación, MINUSCA integró a la Oficina de las Naciones Unidas para la Consolidación de la Paz en la República Centroafricana (BINUCA), lo que permitió capitalizar esfuerzos previos de construcción de paz y dar continuidad a procesos de diálogo iniciados antes del despliegue de la misión. Posteriormente, el 15 de septiembre de 2014, la Misión Internacional de Apoyo a la República Centroafricana con Liderazgo Africano (MISCA) transfirió formalmente su autoridad a MINUSCA, en aplicación de la resolución 2149, marcando así una transición clave hacia una respuesta internacional más robusta y estructurada.

Desde el prisma de la mediación, la experiencia de MINUSCA refleja cómo una intervención internacional puede servir de plataforma para el restablecimiento de la confianza, la consolidación de acuerdos inclusivos y el fortalecimiento de capacidades nacionales para la resolución pacífica de los conflictos. Los países principales que aportan contingentes y fuerzas policiales a la misión fueron entre otros Egipto, Marruecos, Camerún, Nepal o Burundi.

Otro ejemplo destacado también lo encontramos en el proceso de la independencia de Sudán del Sur, proclamada el 9 de julio de 2011, ya que marcó un hito histórico no solo para la región, sino también para la comunidad internacional comprometida con la resolución pacífica de los conflictos. Este logro fue el resultado de un proceso de paz prolongado y arduo, iniciado con la firma del Acuerdo General de Paz en 2005, que sentó las bases para una transición política negociada y pacífica. Desde la perspectiva de la mediación, este proceso representa un caso paradigmático de cómo el diálogo estructurado, sostenido y facilitado por terceros puede conducir al nacimiento de una nueva nación.

Reconociendo que la situación seguía siendo frágil y que persistían amenazas significativas para la paz y la seguridad internacionales en la región, el Consejo de Seguridad de las Naciones Unidas estableció, mediante la resolución 1996 (2011), la Misión de Asistencia de las Naciones Unidas en la República de Sudán del Sur (UNMISS). El mandato de la misión respondía no solo a la necesidad de mantener la estabilidad y proteger a la población civil, sino también de crear condiciones propicias para el diálogo nacional, la construcción institucional y el desarrollo sostenible.

Sin embargo, el estallido de la crisis en diciembre de 2013 reveló la profundidad de las divisiones internas no resueltas y la fragilidad del contrato social emergente. La escalada del conflicto exigió una reconfiguración del enfoque de la comunidad internacional. En respuesta, el Consejo de Seguridad, mediante la resolución 2155 (2014), fortaleció el mandato de la UNMISS, con un enfoque centrado en la protección inmediata de los civiles, la documentación y denuncia de violaciones a los derechos humanos, y el apoyo activo a la implementación de los acuerdos de cese de hostilidades.

En este contexto, el trabajo de mediación ha sido fundamental no solo en la gestión de la crisis, sino también en la búsqueda de una paz inclusiva y duradera. Los mediadores han debido enfrentar desafíos complejos, como la fragmentación de los actores armados, la desconfianza entre las partes y la necesidad de incorporar a comunidades marginadas y víctimas del conflicto. A través de esfuerzos sostenidos, se ha buscado reconstruir la confianza, abrir espacios para el diálogo político y sentar las bases para una reconciliación nacional genuina. El caso de Sudán del Sur ilustra cómo la mediación no se limita a facilitar acuerdos formales, sino que también implica acompañar procesos de transformación estructural, fomentar una cultura de resolución pacífica de los conflictos y fortalecer la resiliencia institucional frente a nuevas crisis.

En contextos marcados por la fragilidad institucional y los ciclos recurrentes de inestabilidad, como el caso de Malí, la mediación se convirtió en una herramienta estratégica para sostener el diálogo político, canalizar las tensiones sociales y preservar los avances democráticos. La experiencia de la Misión Multidimensional Integrada de Estabilización de las Naciones Unidas en Malí (MINUSMA) durante 2020 ofrece un ejemplo ilustrativo del papel que puede desempeñar una misión internacional cuando articula la mediación con el apoyo técnico-operativo y la protección de procesos políticos clave.

En marzo de 2020, en cumplimiento de uno de los principales compromisos derivados del Diálogo Nacional Inclusivo celebrado en diciembre de 2019, Malí celebró elecciones legislativas. MINUSMA acompañó este proceso mediante un apoyo logístico esencial y garantizó medidas de seguridad en los centros de votación, contribuyendo así a generar un entorno mínimamente propicio para el ejercicio democrático. Este respaldo, aunque técnico en apariencia, tuvo una dimensión mediadora implícita, al facilitar la confianza de los actores políticos y de la ciudadanía en el desarrollo del proceso electoral.

No obstante, los desafíos estructurales y la creciente tensión sociopolítica desembocaron en el golpe de Estado del 18 de agosto de 2020, que provocó la dimisión del presidente Ibrahim Boubacar Keïta y sumió al país en una nueva etapa de incertidumbre. En este escenario, MINUSMA asumió un rol más explícitamente mediador, colaborando estrechamente con los esfuerzos de la Comunidad Económica de Estados de África Occidental (CEDEAO), entidad que lideró la mediación regional. El objetivo central fue asistir a los actores malienses en la construcción de consensos básicos sobre las modalidades de la transición y en la restitución del orden constitucional.

Desde una perspectiva de mediación, la participación de MINUSMA en Malí evidencia la importancia de la presencia internacional no solo como garante de seguridad, sino como actor facilitador de procesos políticos complejos, que requieren neutralidad, capacidad de escucha activa, comprensión del contexto local y un compromiso sostenido con la resolución pacífica de los conflictos. La legitimidad del proceso de transición no depende exclusivamente de los acuerdos formales alcanzados, sino de la capacidad de incluir a una diversidad de voces y de establecer mecanismos creíbles que canalicen las demandas sociales dentro de un marco institucional. La experiencia maliense subraya, en definitiva, que, en escenarios volátiles, la mediación no es un evento aislado ni una solución puntual, sino un proceso continuo de construcción de confianza, facilitación de consensos y apoyo al diálogo nacional como base para una paz sostenible.

4. MUJERES, PAZ Y SEGURIDAD: VEINTICINCO AÑOS TRANSFORMANDO LA AGENDA GLOBAL

Este año se celebra el veinticinco aniversario de la resolución sobre Mujeres Paz y Seguridad, conocida como la Resolución 1325, aprobada por el Consejo de Seguridad en su sesión 4213ª, celebrada el 31 de octubre de 2000 y el treinta aniversario de la Plataforma Beijing. Estas resoluciones sentaron un precedente y se convirtieron en precursoras de muchas otras que, con el tiempo, consolidaron la agenda internacional sobre mujeres, paz y seguridad entre las que nos encontramos con las resoluciones 1888 (2008), 1889 (2009), 1960 (2010), 2106 (2013) y 2122 (2013) sobre las mujeres, la paz y la seguridad. Con la excepción de las resoluciones 1889 y 2122, el resto se centraban en gran medida en la violencia sexual y en otros problemas relacionados con la protección.

Desde su aprobación se ha venido trabajando por conseguir que las mujeres tengan un papel fundamental[2] en la participación de toma de decisiones relacionados con la prevención de resolución de conflictos. Reconociendo el trabajo que desempeñan en la prevención de éstos, así como en la construcción de la paz, y destacando la importancia de que participen en condiciones de igualdad y con plena implicación en todas las iniciativas destinadas a preservar y promover la paz y la seguridad. Para redactar esta Resolución se tomó como referencia la Declaración de *Windhoek* y el Plan de Acción de Namibia sobre la incorporación de una perspectiva de género en las operaciones multidimensionales de apoyo a la paz (S/2000/693). El poder y la toma de decisiones en asuntos de paz y seguridad siguen

---

[2]   Consejo de Seguridad de las Naciones Unidas. (2023). *Las mujeres y la paz y la seguridad: Informe del secretario general (S/2023/725).* Recuperado de https://digitallibrary.un.org/record/4064287/files/S_2024_671-ES.pdf

estando dominados por los hombres, y los avances en los últimos años son muy lentos para incorporar a expertas en los mismos.

El 24 de octubre de 2024 se celebró en Naciones Unidas el Consejo de Seguridad sobre las mujeres, la paz y la seguridad tras entre encuentro y el debate establecido se hizo público el acuerdo *Compromiso común en favor de la participación plena, igualitaria y significativa de la mujer en los procesos de paz* (Naciones Unidas 2024). Al suscribir el Compromiso Común del secretario general, los actores involucrados en procesos de mediación a nivel global incluidos los Estados Miembros de las Naciones Unidas, organizaciones regionales y entidades no gubernamentales manifestaron su adhesión voluntaria al compromiso de las Naciones Unidas de adoptar medidas concretas y verificables para garantizar la participación plena, igualitaria y significativa de las mujeres en todos los procesos de paz en los que intervengan. Esta declaración implica no solo el reconocimiento del papel fundamental de las mujeres en la consolidación de la paz, sino también la responsabilidad de incorporar un enfoque de género transversal en todas las etapas de la mediación, conforme a los marcos normativos internacionales establecidos, en particular la Agenda sobre Mujeres, Paz y Seguridad.

Los estudios han demostrado que cuando las mujeres participan de forma significativa en los procesos de paz, la probabilidad de que el acuerdo de paz alcanzado se mantenga durante al menos dos o quince años aumenta entre un 20 %, y un 35 % respectivamente[3]. La participación de las mujeres en los procesos de paz no solo contribuye a una mayor inclusión de cuestiones de género en las negociaciones y en el contenido de los acuerdos, sino que también transforma la dinámica de los diálogos. Su presencia amplía la gama de temas abordados lo que favorece una mayor aceptación por parte de las comunidades y permite tratar las causas profundas del conflicto y ejercer una presión adicional sobre las par-

---

[3]   Véase https://wps.unwomen.org/participation/. Consultado el 20 de julio de 2025.

tes para alcanzar consensos o retomar las negociaciones cuando estas se estancan.

Para Hala Al-Karib directora regional de la Iniciativa Estratégica para las Mujeres en el Cuerno de África "la historia moderna del Sudán está plagada de acuerdos de paz que han fracasado porque han excluido a las mujeres" (Mujeres, Paz y Seguridad. Naciones Unidas, 2022, pág.6). Con el objetivo de que se integre la perspectiva de género en el análisis político y de conflictos, y que se implanten medidas concretas para garantizar la igualdad de las mujeres en esos procesos. En el marco de las misiones de paz lideradas o facilitadas por las Naciones Unidas, la inclusión de mujeres continúa siendo un factor clave para la legitimidad, la sostenibilidad y la calidad de los acuerdos alcanzados. No obstante, a pesar del reconocimiento normativo de su papel especialmente desde la adopción de la Resolución 1325 del Consejo de Seguridad la implementación práctica presenta avances desiguales a lo largo del tiempo.

En el año 2021, las mujeres participaron activamente en cinco procesos de paz auspiciados por la ONU, lo cual evidenció una tendencia positiva hacia una mayor representación femenina en las mesas de negociación. Sin embargo, esta dinámica no se ha sostenido en el tiempo. En abril de 2022, durante las consultas celebradas en Nairobi para abordar el conflicto en la República Democrática del Congo, ninguna mujer figuró entre los casi treinta delegados de los grupos armados presentes. De forma similar, en las conversaciones de paz para el Chad llevadas a cabo en Doha ese mismo año, apenas se registró la participación de una mujer entre más de cincuenta representantes.

Estos casos reflejan no solo la persistente exclusión estructural de las mujeres en espacios de alto nivel de negociación, sino también la necesidad de mecanismos más robustos que garanticen su presencia efectiva y significativa, más allá de su inclusión simbólica. En contextos de posconflicto y reconstrucción, la ausencia de voces femeninas limita el alcance de los acuerdos y perpetúa dinámicas de desigualdad que comprometen los objetivos de paz sostenible.

El impacto más significativo de la participación de las mujeres en los procesos de paz va más allá de incorporar una perspectiva de género en las discusiones y en los acuerdos. Su involucramiento transforma la dinámica de las negociaciones, amplía los temas tratados lo que favorece una mayor legitimidad social y permite abordar las raíces del conflicto, y contribuye a ejercer una presión adicional sobre las partes para alcanzar consensos o reanudar el diálogo cuando este se ve interrumpido. La inclusión de representantes de la sociedad civil en los procesos de paz reduce en un 64 % la probabilidad de que los acuerdos alcanzados fracasen, lo que evidencia el papel clave de una participación amplia y plural en la sostenibilidad de dichos acuerdos. Los datos preliminares del análisis de más de cincuenta procesos indican que en 2023, de media, las mujeres solo constituían el 9,6 % de los negociadores, el 13,7 % de los mediadores y el 26,6 % de los firmantes de acuerdos de paz y alto el fuego.

La proporción de mujeres signatarias desciende al 1,5 % si se excluyen los acuerdos de Colombia. Los datos muestran escasos avances en el último decenio. Ninguno de los acuerdos de paz alcanzados en 2023 incluía a un grupo de mujeres o un representante de estas como firmante. La inclusión del enfoque de género en los procesos de paz sigue siendo preocupantemente marginal. De los treinta y un acuerdos alcanzados a nivel global en 2023, únicamente el 26% contenían referencias explícitas a las mujeres, las niñas, el género o la violencia sexual. Esta cifra representa una leve disminución en relación con el 28 % registrado en 2022, lo que pone en evidencia una regresión, aunque sutil en el reconocimiento formal de las dimensiones de género en los marcos negociadores.

Desde una perspectiva experta en mediación, este dato no solo refleja una omisión en términos de redacción de acuerdos, sino también una falla sistémica en la integración efectiva de las voces, necesidades y derechos de las mujeres y las niñas en las mesas de negociación y en los mecanismos de implementación. La persistencia de esta brecha representa una contradicción con los compromisos asumidos por la comunidad internacional, especialmente en el marco de la agenda de Mujeres, Paz y Seguridad impulsada por la Resolución 1325 del Consejo de Seguridad de la ONU.

La ausencia de un enfoque de género en los acuerdos de paz limita su sostenibilidad, reduce la legitimidad de los procesos y perpetúa las dinámicas estructurales de exclusión que, en muchos casos, son parte del origen del conflicto. Urge, por tanto, avanzar hacia mecanismos de mediación más inclusivos y transformadores, donde la participación sustantiva de las mujeres no sea una excepción, sino un componente central de toda arquitectura de paz.

Para potenciar esta presencia femenina en las labores de mediación y prevención de conflictos. Se están creando redes regionales e internacionales que promueven su participación y efectiva en procesos de paz, tales como la Red Mediterránea de Mujeres Mediadoras (tiene su origen en Roma en el año 2017, uniéndose un grupo de cuarenta mujeres) por las Mujeres Mediadoras Nórdicas (la Red de Mujeres Mediadoras Nórdicas fue creada en el año 2015 como una plataforma de cooperación integrada por cinco redes nacionales correspondientes a Dinamarca, Finlandia, Islandia, Noruega y Suecia. Su propósito central es fomentar la participación de las mujeres en los procesos de paz, tanto en el plano estratégico como en la implementación práctica. Mediante la articulación de esfuerzos regionales, estas redes buscan fortalecer el papel de las mujeres en la prevención y resolución de conflictos, contribuyendo a la construcción de soluciones duraderas e inclusivas); o las Mujeres Mediadoras de la *Commonwealth*, la Red de Mujeres Mediadoras Árabes y la Red de Mujeres Negociadoras y Mediadoras de Paz del Sudeste Asiático. La Red de Mujeres Africanas en la prevención y mediación de conflictos, (oficialmente conocida como *FemWise-Africa*, es un mecanismo subsidiario del Panel de los Sabios, uno de los pilares críticos de la arquitectura de Paz y Seguridad de la Unión Africana (APSA). La *FemWise-Africa* fue oficialmente establecida a través de una decisión de la Asamblea de jefes de Estado de la UA (Cumbre de la UA) el 4 de julio de 2017). Estas plataformas no solo visibilizan el liderazgo femenino en la mediación, sino que también fortalecen sus capacidades y fomentan la cooperación interregional para una paz más inclusiva y sostenible.

Entre las mujeres que más han trabajado en la mediación nos encontramos figuras como: la presidenta de Noruega Gro Harlem Brundtland que participó en procesos de diálogo en Medio Oriente y África; en 2011 integró el Grupo Internacional de Contacto, coordinado por Brian Currin, con el propósito de facilitar el cese dialogado de la violencia de ETA, y figuró entre las personas firmantes de la Declaración de Ayete. Forma parte del club de Madrid y es miembro fundador de *The Elders*. También la expresidenta de Irlanda y Alta Comisionada de la ONU para los Derechos Humanos Mary Robinson. Ha participado en procesos de paz y justicia en África, como integrante de *The Elders*, integrado por un grupo de líderes internacionales convocado originalmente por Nelson Mandela Graça Machel y Desmond Tutu el 18 de julio de 2007, en Johannesburgo. La creación de esta organización marcó el inicio de un esfuerzo colectivo destinado a ofrecer soluciones éticas y de mediación para promover la paz, la justicia y los derechos humanos. También la exsecretaria de Estado norteamericana Madeleine Albright que jugó un papel clave en los Acuerdos de Dayton (Bosnia) y en las negociaciones en los Balcanes; la ex alta representante alemana para asuntos de Desarme de Naciones Unidas Angela Kane que jugó un papel destacado en las negociaciones sobre el uso de armas químicas en Siria.

En el continente africano, las mujeres desempeñan un papel fundamental en los procesos de mediación orientados a la resolución de conflictos. Entre ellas, destacan especialmente aquellas que, desde diversas posiciones de liderazgo y compromiso social, han contribuido de manera significativa a la construcción de la paz y la reconciliación. La ministra de educación y cultura la mozambiqueña Graça Machel activista y figura influyente en procesos de reconciliación en África. Forma parte del grupo *The Elders*, que ha intervenido en conflictos como en el de Sudán del Sur y fue nombrada presidenta de la Comisión de Estudios de las Naciones Unidas sobre el impacto de los conflictos armados en la infancia.

También la defensora de los derechos humanos en Senegal Bineta Diop que desde 2014, desempeña el cargo de enviada especial de la presidenta de la Comisión de la Unión Africana para asuntos de Mujeres, Paz y Seguridad. Ha intervenido en diversos procesos de paz, entre los que se incluyen iniciativas de reconciliación en países como Burundi, Liberia y la República Democrática del Congo. También ha participado en misiones de observación electoral en distintas naciones y en la comisión de investigación sobre la violencia ejercida contra las mujeres en Sudán del Sur. Subrayando la importancia de atender las necesidades específicas de mujeres y niñas en todas las fases posteriores a un conflicto, incluyendo la repatriación, el reasentamiento, la rehabilitación, la reintegración y la reconstrucción, con el fin de garantizar su participación plena y su protección efectiva en dichos contextos Ha trabajado en iniciativas de paz en Burundi, RDC y la región del Sahel.

5. Conclusiones

El conflicto es una dimensión inherente a la condición humana y representa un componente inseparable de la vida en comunidad. A pesar de que cada conflicto es diferente, y en la mayoría de los casos suelen terminar en guerras enconadas que duran años. En la actualidad, los diferentes medios de comunicación nos informan diariamente sobre la existencia de conflictos armados de gran magnitud en diversas regiones del mundo. Las causas que los originan son múltiples, complejas y, en la mayoría de los casos, interrelacionadas. En la génesis de estos enfrentamientos pueden encontrarse factores de naturaleza étnica, religiosa, geoestratégica, política o económica, entre otros, que suelen coexistir y retroalimentarse.

Pese a ello, persiste un amplio desconocimiento sobre numerosos aspectos y matices que configuran estas realidades. Con frecuencia, la cobertura mediática concentra la atención pública únicamente en determinadas crisis, mientras que otras quedan relegadas al silencio y, en consecuencia, invisibilizadas. Esta dinámica contribuye a una progresiva normalización de la violencia y a la disminución de la sensibilidad social ante los conflictos, generando un estado de apatía que dificulta la movilización y el compromiso para su abordaje y resolución.

En el siglo XXI, los conflictos armados han dejado de iniciarse con actos hostiles tradicionales o concluir con tratados formales. Ya no se desarrollan en territorios definidos ni se rigen por fronteras o banderas. Se trata de guerras híbridas y no convencionales que exigen nuevas respuestas ante nuevos escenarios. Además, los actores en conflicto buscan distintas estrategias para fortalecer su ofensiva frente a adversarios tecnológicamente superiores, recurriendo incluso a las redes sociales como medio de difusión de sus ideas. Nicolás Pascual de la Parte designado embajador Representante de España, en el Comité Político y de Seguridad del Consejo de la Unión Europea en febrero de 2012, describía el actual orden internacional "con tres términos poco tranquilizadores: imprevisible, frágil e inestable, estamos según él, en el centro de una tormenta perfecta" (Pascual de la Parte, 2017). Al mismo tiempo, el gasto en defensa de los miembros de la Unión Europea según el diplomático Wolfgan Ischinger, habría que enfocarlo en tres dimensiones, lo que se conoce como las tres "d": defensa, diplomacia y desarrollo.

Entre las reflexiones que con mayor frecuencia surgen en el ámbito del análisis de conflictos destacan preguntas esenciales: ¿De qué manera es posible disminuir la intensidad de un enfrentamiento?, ¿Cómo prevenir que un conflicto escale a niveles más graves?, ¿Cuál es el momento oportuno para intervenir?, ¿Qué herramientas tenemos a disposición para gestionarlo?, o ¿Cómo aplicarlas de forma eficaz? En este contexto, la negociación y la mediación se consolidan como herramientas fundamentales, especialmente ante disputas de difícil resolución, constituyendo una alternativa viable y constructiva frente al uso de la violencia. Esta visión es respaldada tanto por organismos internacionales, como las Naciones Unidas, como por un amplio número de especialistas en la gestión pacífica de controversias.

Vivimos un momento histórico en el que, cada vez con mayor frecuencia, la cultura del diálogo, la negociación y la mediación prevalece sobre las salidas militares o estrictamente judiciales. Este cambio de paradigma abre un horizonte de esperanza, permitiendo vislumbrar que muchos de los conflictos actualmente sin resolver puedan encontrar solución mediante vías pacíficas, inclusivas y sostenibles.

6. Bibliografía

Del Prado Higuera, C y Sánchez de Rojas, E. (2021) *Negociación y mediación para la resolución de conflictos. Una aproximación con estudios de caso.* Madrid, Dykinson.

Fisas, V. (2011). *El oficio de la mediación en conflictos armados. Quaderns de construcció de pau 21.* Barcelona: Escola de Cultura de Pau.

González-Capitel, C. (2001). *Manual de Mediación.* Barcelona: Atelier.

Hernández Delgado, E. (2010). Aproximación teórica a los significados de la mediación en conflictos armados. *Reflexión política, Año 12, N°. 24, 2010, págs.* 128-140.

Hernández Pradas, S. (2010). La Mediación en los conflictos Internacionales. En J. Rodríguez-Arana. La Mediación en los conflictos Internacionales. En: La mediación. Presente, pasado y futuro de una institución jurídica. Madrid, Netbiblo.

López Martínez, M. (2004). *Enciclopedia de paz y conflictos.* Granada: Universidad de Granada.

López Vallés, S. (2017). Mediación de conflictos armados: La perspectiva de género en la construcción de la paz. En C. López Cárdenas, R. Canchari, & E. Sánchez de Rojas, *De género y Guerra: Nuevos Enfoques en los conflictos armados actuales. Estudios Generales. Tomo III.* Bogotá: Editorial Universidad de Rosario.

Lozano Martín, A.M. (2015). La Mediación como proceso de gestión y resolución de conflictos. En: Orozco, G&. Moreno, JL. *Tratado de Mediación en la Resolución de Conflictos*, Madrid, Tecnos.

Moore, C. (2003). *The mediation process – practical strategies for resolving conflict.* San Francisco, California, USA: Jossey Bass Wiley.

Monroy Cabra, M. G. (1997). *Métodos alternativos a la solución de conflictos.* México. Oxford University Press

Ortega y Alamino, J. (2017). *Encuentro, diálogo y acuerdo. El papa Francisco, Cuba y Estados Unidos.* Madrid, San Pablo.

Pascual de la Parte, N. (12 de febrero de 2017). *El País.*

Rodríguez-Arana, & M. R. de Prada, *La mediación: presente, pasado y futuro de una institución jurídica* págs. 257-270. La Coruña, Netbiblo.

Six, JF. (1997). *Dinámica de la Mediación.* Barcelona, Paidós.

Velarde, S., & Sastre, R. (2006). Mecanismos de heterocomposición de conflictos: del arbitraje a los ADR. En S. Velarde, & R. Sastre, *Introducción al Derecho del Arbitraje y Mediación.* Salamanca: Ratio Legis.

GRACIAS POR CONFIAR EN NUESTRAS PUBLICACIONES

Al comprar este libro le damos la posibilidad de consultar gratuitamente la versión ebook.

Cómo acceder al ebook:

☞ **Acceda a nuestra página web,** sección Acceso ebook (www.dykinson.com/acceso_ebook)

☞ **Rellene el formulario** que encontrará facilitando, el código de acceso que le facilitamos a continuación así como los datos con los que quiere acceder al libro en el futuro (correo electrónico y contraseña de acceso).

☞ Si ya es **cliente registrado,** deberá acceder con su **correo electrónico y contraseña habitual**.

☞ Una vez registrado, **acceda a la sección Mis e-books de su cuenta de cliente**, donde encontrará la versión electrónica de esta obra ya desbloqueada para su uso.

☞ Para acceder al libro en el futuro, ya sólo es necesario que se identifique en nuestra web con su correo electrónico y su contraseña, y que se dirija a la sección Mis ebooks de su cuenta de cliente.

CÓDIGO DE ACCESO

DYK177987

Rasque para ver el código

ANIVERSARIO
Dykinson Libros
1973 - 2023

MANTÉNGASE INFORMADO
DE LAS NUEVAS PUBLICACIONES

Suscríbase gratis
al boletín informativo
www.dykinson.com

Y benefíciese de nuestras ofertas semanales